멘토, 개인별 발달계획과 발달영역

낙오자 없는
스웨덴
교육

멘토, 개인별 발달계획과 발달영역

낙오자 없는
스웨덴
교육

초판 1쇄 인쇄 2018년 1월 20일
초판 1쇄 발행 2018년 1월 30일

지은이 레이프 스트란드베리
옮긴이 변광수
펴낸이 김승희
펴낸곳 도서출판 살림터

기획 정광일
편집 조현주
북디자인 꼬리별

인쇄·제본 (주)현문
종이 월드페이퍼(주)

주소 서울시 양천구 목동동로 293, 22층 2215-1호
전화 02-3141-6553
팩스 02-3141-6555
출판등록 2008년 3월 18일 제313-1990-12호
이메일 gwang80@hanmail.net
블로그 http://blog.naver.com/dkffk1020

Bland mentorer, IUP och utvecklingszoner
Leif Strandberg

ISBN 979-11-5930-056-1 03370

*가격은 뒤표지에 있습니다.
*잘못된 책은 바꾸어 드립니다.

멘토, 개인별 발달계획과 발달영역

낙오자 없는
스웨덴
교육

레이프 스트란드베리 지음 | 변광수 옮김

저자 레이프 스트란드베리Leif Strandberg는 스웨덴의 심리학자이며 교육 전문가로서 지난 40년간 학교교육 방법론 연구와 실무에 종사해 왔다. 그는 이 책에서 자신이 적극적으로 옹호하고 권장하는 개인별 발달계획Individual Development Plan에 대한 방법론과 교육철학을 제시하면서 학생 모두가 함께 성공을 거두는 교육 방식을 지향하고 있다. 저자는 이 책의 출간에 앞서 『*Vigotsky in Practice*』(2006)를 저술한 바 있다.

이 책의 본문에는 개인별 발달계획(IDP)에 대한 배경 설명이 없기에 독자의 이해를 돕기 위해 먼저 우리에게 생소한 이 제도의 대강을 구글과 스웨덴교육청Skolverket의 해당 자료를 참조하여 설명하고자 한다.

1. 개인별 발달계획(IDP)이란 무엇인가?

스웨덴 정부는 2006년부터 (9년제)기초학교 전체 학생에게 개인별 발달계획을 수용 실시하도록 교육시행령에 추가하였다. 이 제도는 장애인을 위한 특수학교와 북부지방 원주민의 사메학교Sameskola에까지 포괄적으로 적용되었다. 이 계획은 모든 학생들이 재학 기간 중에 각자의 능력에 적합한 수업 지도를 받을 수 있도록 학습 발달 과정을 세부적으로 계획하고 그에 따른 후속 조치를 취하도록 규정하고 있다.

따라서 학생은 누구나 서류상으로 개인별 발달계획을 갖게 되며 기록 내용은 매학기 1회씩 실시하는 발달대화 시간developmental talk에 갱신 보완하도록 되어 있다. 말하자면 IDP는 교사가 학생의 학습 발달이 어떻게 a에서 b로 진행해 나갈 수 있는가를 기술하는 폭넓은 지속적 평가 공간이라고 할 수 있다. 학생 개개인의 학습 단계가 현재 어디에 위치해 있고, 그의 학습 목표 지점은 어디이며, 어떻게 그곳에 도달할 수 있겠는가를 계도하는 것이 이 제도의 핵심이다. 스웨덴 교육청의 지침에 따른 개인별 발달계획의 목적, 출발점, 내용은 아래와 같다.

목적:

개인별 발달계획은 발전 지향적 목표를 가지고,

- 학생에게 자신의 학습활동과 발달 상황에 대해 더 많이 알고 자기 능력을 발휘하게 한다.
- 학생에게 자신의 학습에 대해 책임감을 가지고 자기 능력을 발휘할 기회를 더 많이 부여한다.
- 학생이 학습 목표를 달성해 가는 과정에 필요한 조치들을 구체적으로 기술한다.
- 학생의 개인별 발달계획을 작성할 때 학생과 보호자의 참여를 강화한다.
- 교사, 그룹(조), 학교를 교체할 경우 해당 학생을 위해 이미 수립된 계획의 연속성은 보장받는다.

출발점:

- 학교 당국은 학생과 보호자에게 알려 줄 학생의 지식수준, 사회성 발달에 대한 기초 자료를 준비해야 한다.
- 교사는 학생의 학습 진척과 발달 상황을 반드시 기록해야 한다.
- 자료 기록에 사용되는 언어 표현이 구체성과 공정성을 보장받도록 개발해 나가야 한다.

- 학생들의 학습 발달 상황에 대한 기록은 공통된 절차와 형식을 따른다.
- 발달대화 시간에는 학생의 학습 발달 상황이 교육과정과 교과과정에 대비하여 어느 수준에 와 있는지를 학생과 보호자에게 알려야 한다.
- 발달대화 시간에는 학생, 보호자, 교사가 동등한 파트너 자격으로 참여할 수 있는 여건을 마련해야 한다.
- 발달대화는 학생의 지속적인 학습 촉진을 위해 교사, 학생, 보호자가 각기 기여할 부분과 책임을 논의하는 장이 되어야 한다.

내용:

전향적 개인별 발달계획(IDP)은 학생의 학업 성공을 목적으로 학생, 부모, 학교 당국이 분담할 조치들을 구체적으로 기술하는 것이 중요하다. 그러한 계획은 아래 요건을 감안하여 수립해야 한다.

- 학생의 능력, 흥미, 장점에서 출발한다.
- 학생에 대해서 긍정적 기대감을 표시한다.
- 발달대화를 앞두고 학교가 실시한 교육과정, 교과과정의 목표와 대비한 학생의 지식수준, 사회성 발달에 대한 학교 당국의 평가와 후속 조치를 토대로 한다.

- 학생이 도달해야 하는 장단기 목표를 포함한다.
- 교사, 학생, 보호자 간에 최종적 합의를 도출한다.
- 학생들 간의 통합에 민감한 자료는 포함하지 않는다.

2. 평가 방법

2006년에 도입된 개인별 발달계획은 매 학기당 1회에 걸쳐 교사의 발달과정 기술식 평가서를 첨부해야 하며 내용은 학생의 과목별 지식수준, 발달 가능 영역, 발달에 필요한 조치 등을 담고 있다. 이 평가서는 발달대화 실시 이전에 교사가 미리 작성하여 학부모와 아이가 유익한 대화를 준비하도록 해야 한다. 개인별 발달계획(IDP)은 이 부분에서 학부모와 학생이 협력하여 학생의 지식 개발 영역을 찾아내고 지식 개발을 극대화할 수 있는 방법을 정리 요약해야 한다. 교사의 발달과정 기술식 평가는 2008년부터 기초학교 1~5학년까지 연 2회에 걸쳐 실시돼 왔으나 교사의 과도한 행정업무를 줄이고 수업연구에 더 집중할 수 있도록 연 1회로 축소하는 개정안이 2013년 9월에 확정되어 2014년 1월부터 시행되었다. 한편 기초학교의 6~9학년에는 발달과정 기술식 평가 대신에 성적 평가가 적용된다.

감사의 말

이 책을 스웨덴어 원문에서 우리말로 옮기는 과정에서 역자 자신이 교육학 전문가가 아니기 때문에 저자의 본뜻을 제대로 전달하였는지 저어되는 바 적지 않다. 다행히 출판사 편집부에서 자상한 감수를 통해 전문술어 몇 가지를 우리에게 익숙한 표현으로 바로잡아 주어 도움이 되었다. 노고에 고마운 인사를 드린다. 아울러 저작권 교섭에 도움을 준 스웨덴 친구 Kjell Dunér, Gerd Eklund의 우정에도 감사한다.

이 책의 번역 작업은 주로 공기 맑고 조용한 평창동의 학산도서관에서 이루어졌다. 도서관 관계자 여러분의 친절한 편의 제공에 감사드린다.

2018년 1월

변광수

| 차례 |

들어가기

이 사진을 보세요.

이 책(『*Bland mentorer, IUP och utvecklingszoner*』)의 앞표지에 있는 안나의 즐거운 모습을 보세요. 좌측으로 한 여성이 보이지요. 그녀는 멘토입니다. 그녀 앞쪽으로 비스듬히 한 학생이 서 있습니다. 방향을 달리하면 오른쪽에 남자아이가 보이지요. 그 뒤로 비스듬히 그의 멘토가 서 있습니다.

이 같은 앞모습과 배경의 교체 가능성을 아주 대수롭지 않게 보아 넘겨서는 안 되겠지요. 이 사진을 어느 측면에서 바라보든 간에 두

사람이 서로 접촉하고 있음을 알 수 있습니다. 어깨를 서로 스치며 그들은 마주 보고 있지요. 그렇습니다, 접촉이지요. 그런데 동시에 그들은 다른 쪽을 향하고 있어요. 두 사람은 지금 서로 보면서 조금은 다른 위치를 취하고 있어요. 그들은 어느 정도 다른 것을 볼 수도 있어요. 전망이 다른 것이지요. 다른 시각을 가진 것입니다. 성性도 다르고 동년배도 아니지요. 그들은 연령의 차이만큼 시각도 다르지요. 그런데 그들은 지금 접촉을 하고 있어요. 그들은 유사점과 차이점 양쪽을 다 가지고 있어요.

학생은 손에 뭘 들고 있는데 그것이 무엇이지요? 그것은 모형인 것 같은데 무언가를 보여 주는 모형입니다. 지식을 형상화시킨 것이지요. 그 모형을 만든 사람이 학생인 것 같아요. 그리고 그걸 이번에 멘토와의 만남에 가져온 것입니다. 그는 자기가 만든 모형에 대해서 이야기할 게 분명히 있겠지요. 또한 멘토에게 내놓을 이 모형에 대한 질문도 아마 있을 것입니다. 그걸 손에 쥐고 있으니 즐거운 것이지요. 아마도 많은 시간을 공들여 만든 결실일 것입니다. 그는 자기 모형에 대해 오래 생각했겠지요. 학생과 멘토가 함께 웃고 있으니 이 두 사람은 즐겁고 희망에 차 있는 것 같아요. 학생이 성취한 발전에 그들은 기뻐하고 있는 것입니다. 그리고 의미 있는 발달단계로 나아갈 사진이 아직 하나 더 있음을 그들은 알고 있는 것같이 보입니다.

이 책은 안나의 사진에 관한 것을 취급하고 있습니다. 그것은 멘토와 학생, 그리고 발달영역을 주제로 하고 있습니다. 이 책의 바탕은 한 사람이 자기가 알고 실행할 수 있는 바를 함께 상의할 기회를 내게 허락하는 또 다른 사람을 만난다는 게 얼마나 의미 있고 기분 좋은 일인가를 다루고 있습니다. 그런데 나에게 그렇게 하도록 원하고 기대하는 또 다른 사람은 대개 이렇게 말을 시작합니다. "나와 함께 이야기해 보자. 내게 말해 보렴, 나에게 보여 줄래? 날 도와다오." 한 사람이 어떤 것을 원하고 요구하면서 다른 사람이 응답해 주리라는 믿음을 가질 때처럼 유익한 일은 없어요. 그 외에도 이렇게 주고받는 것이 교차되고 서로에게 기회가 될 때 그것은 정말로 의미 있는 일이 됩니다. 꼬마 아이가 책을 한 권 가지고 와서 "아빠 이거 읽어 줘." 하고 조를 때 학습의 토양이 되는 사회적 토대가 마련되지요. 모든 종류의 학습과 발달단계는 말하자면 주는 것과 받는 것이라는 상호작용의 무리 속에 내재되어 있는 것입니다. 어떤 사람도 외딴 섬에서 홀로 살 수는 없지요.

개인별 발달은 개인이 연루된 모든 사회적 상호작용으로부터 영양을 섭취하게 됩니다. 개인별 발달은 또한 다중적 사회 작용의 총화라 할 수 있어요. 따라서 개인별 발달계획Individual Development Plan: IDP은 이와 같은 기름진 땅의 일부에 해당합니다. 이 발달계획을 통하여 여러 만남이 이뤄지는데 학생은 심화된 질문을 가지고 멘토에게 오고 조금 더 앞서 나간 학생은 무언가를 알려 주고 문을 열어 더 넓은 세계로 이끌어 주어 거기서 발달영역이 만들어져 갑니다. 그런데 만남은 거기에서 끝나지 않고 또 시작됩니다. 즉 안나의 사진은 개인별 발달계획(IDP)의 한 부분입니다.

이 책에 대하여

2년간의 세월을 거쳐 개인별 발달계획(IDP)을[1] 만들어 놓았습니다. 교사, 학교장, 학생보건팀, 학생, 학부모들과 함께 북쪽의 니에미셀Niemisel에서 남쪽의 말뫼Malmö에 걸쳐 개인별 발달계획이 학습 및 발달과 같은 흥미진진한 모험 분야에 이바지할 방법을 찾기 위해 대화하고 숙고하며 연구해 왔습니다.

이 책은 세 부분으로 구성되어 있습니다. 제1부에서는 8조각짜리 짜 맞추기(퍼즐)에 대해 기술하고 있는데, 이 짜 맞추기는 개인별 학습 발달계획이 학습에 필요한 도구로서 작동하는 학교 관련 사항들을 제시합니다. 여기에는 멘토, 학생, 학교장, 작업팀, 학부모 등이 담

---

1. [역자 주] '개인별 발달계획'은 스웨덴어 원문에는 De individuella utvecklingsplanerna(IUP)로 쓰였으나 본 번역서에는 편의상 그에 해당하는 영어 The individual development plans(IDP)로 바꿔 놓았음.

당해야 하는 여러 가지 임무가 기술되어 있습니다.

제2부는 8개의 퍼즐 조각 짜 맞추기와 직접 관련이 없는 장으로 구성되어 있습니다. 여기서는 지식의 욕구, 생각해 보기, 대담, 발달 영역 등을 다루고 있는데, 이 장들은 독립적인 것들이라고 생각합니다. 내용은 독자가 원하는 순서대로 읽어도 좋습니다.

마지막 부분인 제3부에는 "질문과 사고思考"라는 제목을 붙였습니다. 여기서는 그동안 내가 일해 오면서 학생, 교사, 학부모들이 자기 자신에게 또는 내게 제시했던 일반적인 중요한 질문들을 만나 볼 수 있습니다. 그 결과 개인별 발달계획(IDP)의 다양한 국면들이 추가로 조명을 받게 됩니다.

이 책은 읽고 생각해 보는 책이며 동시에 지침서이기도 합니다. 학습활동 일반과 특히 지도할 때 작동하는 심리과정에 관한 토론을 전개, 심화시키는 데 도움이 되는 사색을 할 수 있는 책이 될 것입니다. 또한 지도 방식과 발달영역이 실제로 취할 수 있는 방향 제시에도 도움이 되는 지침서입니다. 이 책에 담긴 실제 사례들은 '보기'에 명시된 것을 가리키는 것이 아닙니다. 그 사례들은 혼자서 또는 작업 동료와 함께 개인별 발달계획의 여러 분야에서 자신의 창의적 방법을 개발해 보려는 독자인 당신에게 일종의 영감처럼 함께할 것입니다.

나는 '학생'과 '멘토'라는 명칭을 선택하여 일관되게 사용해 왔는

데 그에 대한 개념은 개인별 발달계획이 의무화된 기초학교(9년제 의무교육)와 자유선택학교에서 우리가 이미 알고 있는 것입니다. 이 책은 물론 예비학교 활동과 발달대화가 진행 중인 다른 모든 활동과 연관시켜 읽을 수도 있습니다. 하지만 그 경우에는 독자 자신이 '학생'을 '아이'로, '멘토'를 '교육자'로 또는 자기 활동 분야에 해당하는 어떤 것으로 번역하는 수고를 감내해야 합니다.

몇 가지 용어와 개념

    학교의 일상 대화에서 긴 복합 낱말 연결체인 "개인별 발달계획"은 "IDP"로 대체되었으며 이 책의 본문에서는 일관되게 약어 IDP를 사용하고 있습니다. 사회문화적 이론과 관련된 이 용어 및 그 개념에 대해서는 본문에서 계속 설명합니다. 하지만 몇 가지 용어와 용어의 서체에 관해서는 여기서부터 주석을 달고자 합니다. "발달영역"의 개념에 대하여 도해적 형상을 제시하고자 '할 수 없다-할 수 있다'처럼 낱말 합성으로 실험을 해 봅니다. 대괄호와 그 안에 묶인 용어들은 원래 발달영역이라는 것이 외견상으로는 두 개의 모순된 입장처럼 보이나 실제는 공존하는 하나의 단위임을 표시해 주고 있습니다. "할 수 있다"와 "할 수 없다"가 각기 따로 쓰일 때는 앞뒤에 큰따옴표를 사용합니다. 그리고 "할 수 없다"와 "할 수 있다"가 무엇을 뜻하는지는 본문에 나와 있습니다. "수위 조절하다"라는 용어 역시 설명을 요구합니다. 이 용어는 컴퓨터 오락을 하는 아이로부터 빌려 온 것인데 그 아이의 설명에 의하면 "수위 조절"이란 다른 단계로 하나 더 높아지기 위해서 취하는 행동이라고 합니다. 학생들이 한 단계 더 높아지도록, 때로는 다른 수준으로 올라가도록 도와주려는 학교의 노력에 잘 어울리는 멋진 용어입니다.

제1부
하나의 퍼즐 짜 맞추기

개인별 발달계획(IDP),
발달의 도약대-몇 가지 입장 표명

개인별 발달계획에서 가장 중요한 발달역량은 그것이 내재되어 있는 사회적 활동입니다. 개인별 발달계획은 무엇보다도 사회적 활동이지 써 놓은 기록은 아닙니다. 게다가 학생들과 멘토들이 이를 통해서 학습의 진전과 고민을 관찰할 수 있으니 아주 중요한 사회적 활동인 것입니다. 아울러 가시적인 것의 도움을 받아 그다음에는 미래를 내다보는 구멍을 만들어 갈 수 있습니다. 그러므로 개인별 발달계획은 전향적 단계를 향한 영감이 됩니다.

개인별 발달계획은 또한 하나의 보증서이기도 합니다. 그것은 학생(교사, 학부모)에게 목표 달성을 위한 인지와 의식의 보증인이 되기도 합니다.

IDP는 또한 학생이 학습활동을 하면서 혼자 방치되지 않고 동반자를 갖도록 보증해 줍니다. 멘토는 그렇게 해서 동반자가 되어 학생의 학습활동의 방랑생활에 동행자인 동시에 길 안내자가 됩니다. 발달단계에서 홀로 방랑해서는 안 되니까 그것은 좋은 일이지요. 교수요강이나 나의 이론적 참조 틀을 구성하고 있는 사회문화적 시각에서 보면 모든 발달단계는 필요한 영양분을 사회적 상호작용으로부터 받고 있음을 강조하고 있습니다. 즉 "할 수 없는 학생"에서 "할 수 있는 학생"으로 변화하는 단계는 오로지 사회적 활동을 통해서 가능한데 거기서는 좀 못하는 학생이 약간 더 잘하는 학생으로부터 능력을 빌려 오는 것입니다. 영리한 친구와 함께하면 그 학생은 머리를 한 단계 더 높이 굴릴 수 있기에 스스로 할 수 없던 것을 해낼 수 있게 됩니다. 그것이 비고츠키Vygotsky가 말하는 이른바 발달영역인 것입니다. 멘토 자신은 이들 영리한 친구들 중의 한 사람이 됩니다. 개인별 발달계획이 그러한 사회적 활동, 즉 이미 갖춰진 자와 갖춰져 가는 자 사이의 만남을 조성할 때 그것은 발달을 위한 도약대가 되는 것입니다.

우리는 이미 이 작은 부분에서 전에 우리가 작업했던 15분대화[1], 발달대화, 평가 등으로부터 개인별 발달계획(IDP)을 구별할 수 있는 특징 중 몇 가지를 만나게 됩니다. 말하자면 사회적 활동으로서의

---

1. [역자 주] "15분대화(kvartssamtal)"-담임선생, 학생, 학부모, 3자가 함께 15분간의 대화를 통해서 한 학기의 학업성취도를 평가하던 제도. 1960년대에 시작되어 1995년 이후 명칭이 '발달대화'로 바뀌었다.

IDP, 발달과 관련된 학생과 멘토 사이의 협력, 미래 지향적 전망, 지도자의 지원과 추동적 역할 따위가 그런 것들입니다. 우리는 전통을 배경으로 이러한 조짐을 살펴볼 필요가 있지요. 그리하여 새로운 게 무엇인지, 대체할 것이 무엇인지, 또 박물관에 존치해야 할 것이 무엇인지를 알게 됩니다.

전통과 혁신

15분대화와 발달대화, 그리고 평가와 관련된 전통적 방식들은 개인별 발달계획(IDP)으로 특징짓는 입장과는 일치하지 않습니다. 15분대화와 개인별 발달계획과도 일치하지 않아요. 우리는 어떤 방식으로도 간단히 옛것을 유지하고 이에 새것을 추가할 수는 없습니다. 낡은 것은 확실하게 끝장내고 새로이 다른 것을 창안해 가야 합니다. 몇 가지 예를 들어 보지요.

이전의 담임교사와 학생들 사이의 불균형적 작업 분담 방식, 말하자면 교사는 제대로 준비를 해 왔는데 학생은 준비가 덜 되었거나, 때로는 전혀 되어 있지 않았던 그런 방식은 폐기되어야 합니다. 개인별 발달계획에서는 학생의 준비가 결정적 요인이 됩니다.

종전까지의 교사와 학생 사이의 불평등한 관계, 즉 교사는 학생을 평가하고 학생은 이를 받아들이며 교사는 앞으로의 대책을 알려 주고 학생은 감사히 받아들이는 방식도 끝내야 합니다. 학생 개개인이 가지고 있는 강한 면과 약한 면에 대한 자신의 반향이 중요한 것입니다(나는 이것을 학생의 기능적 문제 소유 의식이라고 부를 것입니다).

그리고 이전의 외눈박이 시각, 즉 학생의 눈에 박힌 티는 보였으나 학습 환경에 박힌 대들보는 언급하지 않던 관행도 끝내야 되겠습니다. 가르침의 사회문화적 측면을 조명하는 것 또한 중요한 일입니다.

15분대화가 최악의 상황일 때는 자동차 검사와 비슷했지요. 그 방식은 우열의 분류가 지도 원리였던 학교체제에서 기능적으로 작동한 사실이 있는데, 거기서는 밀에서 껍질을 벗겨 내고 학생 중에서 우수한 두뇌를 걸러 내는 데 유효했습니다. 그러나 우리 임무는 모든 아동과 청소년들이 한 단계 더 높은 지식수준에 이르게 하는 것이므로 여기에는 또 다른 자세와 방법이 필요합니다.

그러면 15분대화와 개인별 발달계획(IDP) 사이에는 유사성이 좀 있나요? 그럼요. 물론 몇 가지 유사성이 있지요. 15분대화에서는 교사가 큰 역할을 하였고 IDP에서도 교사는 아주 큰 (하지만 다른 종류의) 역할을 하지요. 15분대화는 성적이 초점의 대상이었고 IDP는 지식 발달과 지식 목표에 초점이 있습니다. 15분대화와 개인별 발달계획은 지속성에서도 서로 유사하여 그들은 일정한 간격을 두고 돌아 왔고 또다시 돌아옵니다. 이 두 가지 방식에는 이와 같은 유사성이 있는데 차이점은 더 많습니다. 그중에서 무엇보다도 모든 이에게 다가올 지식 단계에 대한 기대치에 차이가 있지요. IDP는 모든 아이에게 적합하여 한 단계 더 상승할 수 있다는 내재된 기대치가 있습니다. 개인별 발달계획은 발달을 위한 일종의 협력체제 형태입니다. 그렇다면 어떻게 해야 거기에 도달할 수 있을까요?

한 개의 퍼즐-사회문화적 맥락

　개인별 발달계획(IDP)은 단편적 사건이거나 분리된 에피소드가 아니며 먼지 쌓인 기록물도 아닙니다. 그것은 일종의 사회적 활동이라서 하나의 맥락 속에 존재하는 것입니다. IDP 활동에 참여하면서 나는 이러한 사회적 관계에 대한 관점을 갖게 되었습니다. 그리고 그것을 종종 8조각의 퍼즐로 그리곤 했습니다.

　[**그림 1**]은 개인별 발달계획(IDP)이 발달을 향한 도약대가 되는 맥락을 보여 줍니다. 이들 8개의 퍼즐 조각에 대해서는 아래 설명에서 잇달아 다루게 됩니다.

　나는 나날의 일상이 언제나 서술한 대로 전개되지 않는다는 점을 잘 알면서도 내가 원하는 시각에서 의도적으로 이들 8개의 퍼즐 조각을 기술하였습니다. 그리고 교장과 작업팀이 임무를 쉽게 수행하도록 원하는 바를 의도적으로 기술했는데, 그들의 임무는 소속 학

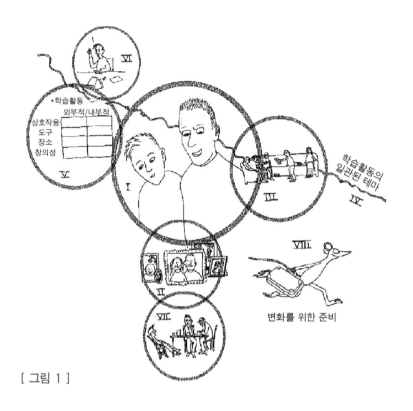

변화를 위한 준비

[그림 1]

교에서 다양한 퍼즐 조각의 질을 평가하고 또 연약한 고리들을 잡아 주기 위한 질적 검토를 한 다음에 이들을 바람직한 방향으로 발전시키는 것이었습니다. IDP 작업은 각 연결고리가 다른 연결고리를 지탱해 주는 하나의 연쇄체입니다. 약한 연결고리는 연쇄체 전체를 부러트릴 수 있습니다. 이 책의 제2부에서 여러 가지 연결고리, 즉 퍼즐 조각들에 대해서 깊이 있게 검토할 것입니다.

8개의 퍼즐 조각

학습에 성공을 거두는 학생들은 어른들이 자기에게 적극적인 발달을 원하고 또한 기대하고 있다는 것을 알고 있습니다. 그들은 스스로 해낼 자신이 있기에 한 단계 더 진전할 수 있다는 것도 압니다. 이런 느낌은 "나는 해낼 수 있어. 그러니 나는 한 단계 더 진전할 수 있는 거야"와 같이 하나의 주문呪文, mantra 처럼 그들에게 자리하고 있습니다. 개인별 발달계획(IDP)에서는 학교가 모든 학생들이 이 모토(좌우명)를 받아들이도록 도와주고 있습니다. 그런데 이 모토 자체는 후속하는 8개 퍼즐 조각이 모두 "너는 해낼 수 있어. 그래서 너는 한 단계 더 진전할 수 있는 거야"라는 모토에 스며들었을 때 비로소 자신의 퍼즐 조각을 얻을 수 있는 것입니다.

첫 번째 퍼즐 조각은 어떻게 코치 활동을 개발할 것인가 하는 문제를 다룹니다.

1. 코치 활동

학교장의 시각

학교장의 시각에서는 지도자상mentorship을 확립하고 작업팀이 수행하는 지도 임무의 적정 분담을 보장하는 것이 중요합니다. 멘토 요원이 많을수록 각 멘토가 담당하는 학생 그룹의 규모가 적정선을 더 잘 유지하게 됩니다. 학교장은 지도자상 확립의 중요성과 아울러 멘토로서의 임무가 교사의 전반적 행위의 일부 또는 다른 부분을 형성하고 있다는 점을 강조할 필요가 있습니다. 지도자상은 일종의 임금 기준이 될 수 있습니다. 또한 학교장은 동료들 사이에서 학급 담임과 멘토의 차이를 이해하도록 돕는 것이 중요합니다.

학급 담임은 수장이고 멘토는 코치입니다. 새롭게 등장하는 많은 용어 중의 하나가 코치coach인데, 이 코치라는 용어의 주변에는 성공, 희망, 훌륭한 성과(최고의 업적) 등 기대를 모으게 하는 표현이 여럿 있습니다. 그래서 나는 코치라는 용어를 좋아합니다. 그것은 멘토와 학생으로 하여금 개인별 발달계획이 전향적 방향을 지향하고 있음을 이해하도록 도와줍니다.

그것은 "15분대화"와 "학급 담임"이 불러오는 연상 작용으로부터 우리를 떼어 놓습니다. 분명히 말하건대 학급에서 교사의 지도상은 또 다른 주요 임무이고 이에 대해서는 다시 언급하겠습니다. 하지만 멘토의 역할은 코치 일과 관련된 특수 임무 중의 하나라는 점을 여기서 언급하고자 합니다. 그러므로 학교장은 동료들 개개인이 좋은 코치가 되도록 능력을 개발하는 데도 협조해야 합니다.

내가 경험한 바로는 교사들 대부분은 학생들이 한 단계 더 전진하도록 돕는 유능한 코치나 멘토가 되기 위해 자기 능력을 개발하는 일을 쉽고 재미있게 생각하고 있습니다. 교사의 방식대로 학생의 일과를 함께 나누는 사람, 그리고 여러 해에 걸쳐 학생의 지식 단계를 눈여겨보고 도와준 사람에게는 기여할 바가 많이 있었던 것입니다. 그러나 일부 교사들은 교실 안에서는 유능할지언정 멘토/코치로서는 적합하지 않았습니다. 여기서 지적하려는 것은 멘토와 교사 상像은 교육에서 다른 측면이라는 점입니다. 학교장은 이런 차이점을 이해하고 작업팀으로 하여금 기능적인 작업 배분을 하도록 도와야 합니다.

코치하기-멘토의 시각

멘토의 임무에 대해서는 당연히 자주 언급하겠지만 여기서는 멘토들이 잘해야 할 몇 가지 영역에 관해 주의를 환기하고자 합니다.

멘토는 학생과의 만남에서 학생이 발전 단계로 진입할 수 있다는 직업적 신념을 드러냅니다. 이런 신념은 멘토의 교육 경험에 근거하며 이 경험으로부터 멘토는 학생들이 성취해 낸 새로운 학습 단계에 대한 무수한 경험적 사례들을 발췌할 수 있지요. "수백 명의 학생들이 나한테서 읽기, 셈하기, 쓰기를 배우지 않았겠어요?" 교사가 얻은 개발과 학습 가능성에 대한 신념은 그의 무수한 경험적 사례에서 나온 것입니다. 학생은 어른들의 경험으로부터 용기와 믿음을 곧잘 빌려 옵니다. 학생의 동기유발은 자기의 멘토가 다음과 같이 하는 말에 귀 기울일 때 증대합니다. "이것은 전혀 쉽지가 않아. 하지만 내가 여러 번 다뤄 보니 해결되더라." "네 말을 들어 보니 '나는 못해요' 하는데, 좋아 그러면 내가 가르쳐 주지." "네가 못해도 괜찮아. 서두르지 마. 우리는 할 수 있는 방법과 활동을 찾아내게 될 거야. 그러면 너도 할 수 있어."

그런데 학습 개발과 가능성에 대해서 멘토가 불신을 나타내면 이에 대한 학생의 동기는 당연히 제로 상태로 떨어집니다.

학생의 동기유발은 머릿속에만 있는 것이 아니라 멘토의 기대와 그리고 멘토의 소망에 접근하려는 학생의 욕구 사이의 교감에 있는 것입니다. 그런 연유로 멘토는 발달단계가 바람직하다는 기대를 나타내는 것입니다. 말하자면 멘토의 기대가 학생들로 하여금 희망을 갖도록 하는 가능성을 제공하는 것입니다. 학생이 자기의 지도자한테서 희망을 빌려 오는 이런 유형의 상호작용 형태의 회합 없이는 학생은 무관심과 함께 동기유발이 결여된 의자에 묶여 버릴 위험에 처하게 됩니다.

멘토는 대화를 나누는 게 즐겁고 긴장되고 유익하다고 생각합니다. 멘토는 사회적 반응에 숙달된 능력을 갖추고 있어서 경청하고, 기꺼이 대화하려 하며, 응답하기 좋아하며, 대화가 끌고 가는 구부러진 길을 따라갈 수 있습니다. 응답하지 않는 비사회적 무반응 상태나 (학생의 참여는 아랑곳하지 않고 모든 대화를 독점하는) 반사회적 수다는 사회적 반응에 역행하는 것들로 훌륭한 코치에게는 바람직하지 못한 능력입니다.

유능한 멘토는 학생과 더불어 어려운 점, 문제점, 대안적 해결 방안에 대한 새 모서리를 찾아내고 창안하고 또 소통하기를 좋아합니다. 난점을 극복하고 새로운 단계를 취하는 것은 우리가 무언가 좀 새로운 방식으로 해야 할 필요가 있음을 의미하는 것입니다. 이전의 방식은 학생이 이미 해결해 낸 개발 목표를 위해 작동했던 것이므로 새로운 단계는 새 방법을 요구하게 됩니다. 멘토는 필요할 경우 관습에서 벗어난 훈련 항목을 제안하는 데 주저하지 않습니다. 멘토는 작업팀 안에서 전문 교육자와 다른 요원에게 부여된 다양한 권능을 활용하여 창조적 결합물을 찾아내는 일을 기꺼이 합니다.

멘토는 또한 학생을 격려하여 발달단계를 실현시키는 데 유능하며, 세부 목표를 향해 일하고 진행과정과 진전 상태를 주시합니다.

지도받기-학생의 시각

개혁이나 새로운 조치는 때로는 나의 양어깨에 덤으로 부과된 짐처럼 무겁게 느껴지기도 합니다. 그런데 개인별 발달계획(IDP)과 관련해서는 우리는 그렇게 부담스러워할 필요가 없습니다. 그 이유는 개인별 발달계획이라는 것이 멘토, 학부모, 학생 3자가 각자의 작업 임무를 가지고 있는 하나의 협동체이기 때문입니다. IDP에는 그 내용에 설정된 작업 분담이 있으며 학교 안에서 우리가 그것을 인식하는 것이 중요하다고 생각합니다. 학습과정에서 코치를 활용할 수 있다는 게 학생들에겐 얼마나 큰 기쁨인지 상기해 볼 필요가 있습니다. 학생들은 코치(지도자)와 같이 있기를 원합니다. 내가 IDP 프로그램과 관련하여 학생들과 작업을 끝내고 보니 그들의 기쁨은 내게 하나의 충격으로 다가왔습니다. 학생들은 자동차 검사 방식의 15분대화에 치명적으로 지쳐 있지만 건실한 토대 위에서 진정으로 자기들을 전진하도록 도와줄 코치를 만날 기대에 차 있습니다. IDP 프로그램은 고양이가 기어 들어오는 그런 곳은 아니며 개발의 문으로 들어가는 초대이기에 현재도 재미있고 앞으로도 계속 재미가 있을 것입니다. 개발로 이끄는 초대-이런 자세는 성공적인 IDP 대담의 주요한 일부가 됩니다. 학교장과 교사들이 학부모에게 소개하는 자세 역시 이런 것입니다.

학생들과 같이 일하는 과정에서 학생이 개인별 발달계획(IDP)의 대화에 기여하고 거기서 무언가 좋은 점을 얻을 수 있는 방안을 생각해 보는 데서 몇 가지 중요한 점을 발견했습니다.

한번은 학생이 유념해야 할 사항에 대해서 참고 자료를 만든 적이 있습니다. 만일에 학생들이 지도받는 과정에서 유익한 점을 얻으려면 응당 그에 대한 방법과 기대 효과를 알아 두어야만 합니다.

IDP(개인별 발달계획)-학생 자신을 위한 참고 자료

- 당신에게도 멘토가 있음을 확신하라.
- 멘토와는 언제 만나기로 약속했나? 어디서 만나기로 했나? 그 장소는 당신과 멘토에게 모두 적절한가?
- IDP-대화는 당신의 발달 문제를 다루는 것이고, 당신이 다음 단계를 어떻게 대처해 나갈 것인가를 다룬다. 다만 "당신이 처해 있는 상황이 어떤가"를 들어 보고서 끝나는 일회성 기회가 아니라는 점을 명심해야 한다.
- IDP-대화를 거듭하는 가운데 (테스트해 보고, 실험해 보고, 토론하고, 읽고, 쓰기를 하는 중에) 학습의 기회를 많이 얻었고 그것이 유용했는지도 살펴보라.
- 당신이 하는 일을 수집하고 저장해 놓는지도 살펴보라.
- 당신이 하는 일에 대해서 숙고해 볼 기회가 있었는지 살펴보라(스스로 생각하거나 친구들과 함께 생각해 보라).

- 반추해 보는 훈련을 쌓아라(자신의 학습이 꽤 어렵다고 생각할 때-반추는 어떻게 해야 하는에 관한 방법과 힌트를 얻을 필요가 있다).
- IDP-대화에서 당신들이 나눌 이야기의 주제를 함께 선정하라.

실제 지도 상황에서:

- 멘토의 말에 귀를 기울이고, 멘토가 당신 말을 잘 들을 수 있도록 협조하라.
- 학습과 관련하여 자기 자신의 생각을 표현해 보라.
- 멘토의 평가를 소극적으로 받아들이지 마라.
- 당면한 문제, 예를 들어 학습 사항 중에 특별한 항목 같은 것을 기술해 보라. 구체적으로.
- 당신이 뜻하는 바를 멘토가 이해할 수 있도록 멘토를 돕는 일에 힘을 듬뿍 쏟아라.
- 멘토가 묻는 질문에 대답만 하지 말고 멘토에게 당신의 질문도 해 보라.
- 때로는 멘토 자신도 제기된 사안에 대해 다른 생각을 가지고 관점을 달리할 수 있다는 점에 놀라지 마라. 당신과 멘토는 이따금씩 생각을 달리한다는 데서 출발하라. 그러나 목표

는 동일한 문제, 즉 당신의 발달에 관한 것이다. 멘토의 다른 시각을 조금이라도 받아들이는 쪽에 기대를 걸어 보라.

- 당신이 진전할 수 있는 방법에 대한 조언과 힌트의 일부를 이용하는 데 열린 자세를 가져라.

- 멘토에게 조언을 할 때도 열린 자세를 가져라. 어려움을 극복하고 발달단계를 밟으려면 당신이 주역이라는 입장에서 자기 자신에게 필요한 도움과 지지가 무엇인지 나름대로 생각과 느낌이 있어야 한다. 그리고 그것들에 대해서 이야기해 보라.

- 창의적 해결 방안에 대해서도 열린 자세를 가져라. 학습은 도처에서 다양한 방식으로 일어난다.

- 목표 전체의 그림과 부분 목표를 함께 놓고 일하도록 훈련하라.

- 스스로 배움의 여정이 어디쯤 가고 있는지 파악할 수 있도록 전체 과정 계획표의 일부를 달라고 요청하라.

- 때로는 진전을 위해 수준을 높일 필요가 있다(새로운 시각을 찾아서 전혀 다른 방식으로 생각해 보고 대상을 주시해야 한다). 이처럼 생각의 전환이 일어날 때는 방법과 기술에 대해서 도움을 요청하라.

- IDP-대화가 어떻게 진행되어 가고 있는지 부모님에게도 보여 드리고 설명해 보라.

위에서 열거한 참고 자료(또는 이와 유사한 다른 변이형)를 가지고 남자아이든 여자아이든 모든 학생이 개인별 발달계획(IDP)이 어떻게 진행되어 가는지 이해해야 한다는 것이 나의 주장입니다. 이 참고 자료의 도움으로 학생은 다음과 같은 질문에 대해서 생각해 보고 자기의 입장을 정할 수 있는 것입니다. "이 자료가 내게는 무슨 의미가 있는가?" "나에게 요구된 사항을 나는 이해하고 있는가?" "나는 이 자료에 익숙해 있는가?" "내가 잘해 낼 수 없는 항목들은 어떻게 훈련해야 하는가?"

이 모든 항목들이 다 중요하지만 멘토와의 효과적인 대담에서 가장 중요한 요체는 바로 학생 자신이 잘 준비한 심화된 질문입니다. 이것이 바로 내가 개인적으로 도달한 결론이기에 이에 관해서는 앞으로 여러 차례 더 다루겠습니다.

지금까지 설명한 내용이 퍼즐 조각의 첫 번째 부분에 해당합니다. 지금 당장의 목표는 개인별 발달계획(IDP)의 맥락을 기술하는 것입니다. IDP는 한 장의 서류 양식으로 축소할 수가 없습니다. IDP가 진취적 학습 단계를 향한 도약대로 작동할 때 그것은 학습 행위와 관련된 일종의 사회적 활동이 됩니다. 이러한 관련성을 나는 하나의 퍼즐이라고 부릅니다. 퍼즐 조각의 다양한 면을 살펴보는 과정에서 이러한 관계를 조명하고자 합니다. 그리고 이들 퍼즐 조각의 일부는 이 책의 제2부에서 추가로 더 설명될 것입니다.

2. 3자의 탱고 활동

학습의 발달단계는 고립된 상태에서 혼자서 진행해 나갈 수 없습니다. 지식의 발달단계는 사회적 활동으로부터 영양분을 얻기에 사회활동이 많을수록 영양분 섭취도 늘어납니다. 이 현상은 참여하는 행위자들에게 힘이 되고 동시에 안정감이 됩니다. 즉 멘토에게는 학생과 협동하는 일이 되고, 학생에게는 자기 멘토와 협력하는 일이 되며, 학생의 가족에게는 교사와 멘토가 함께 있다는 것이고, 교사에게는 같이 협력할 학부모가 있다는 의의를 지닙니다.

개인별 발달계획(IDP)은 그리하여 학부모, 학생, 멘토, 이렇게 3자가 만나는 발달대화로 연결됩니다. 여기서 중요한 점은 이전의 업무 분담 방식과 결별해야 하는 것인데, 당시에는 학교가 통보하고 평가하는 전권을 행사하고 학부모는 경청하고 받아들이는 임무만 있었던 것입니다. 학부모와의 학습 발달 면담은 발달을 위한 협력 포럼이지 정보 안내 시간은 아닙니다. 또한 당사자들이 서로 실패와 불만을 투영하는 자리는 더더욱 아닙니다. 그렇습니다. 학생의 입장에서 개인적 실패처럼 보이는 것은 발달대화상으로는 협력하는 세 행위자, 학부모, 학생, 멘토를 위한 공동의 관심사가 됩니다. 말하자면 이들 3자는 모두가 학생의 학습 발달에 순수한 관심을 가지고 있는 것입니다. 학생은 자기 능력을 키우는 데 관심이 있고, 학부모는 자기 딸이나 아들이 잘되기를 바라는 데 관심이 있고, 멘토는 학생의 학습에 기여하려는 데 전문적인 관심이 있습니다.

나는 이런 형태의 협력 포럼을 '3자의 탱고'라고 종종 부릅니다. 일반적으로 탱고 춤을 추려면 두 사람이 있어야 하는 데 개인별 발달계획(IDP)을 위해서는 세 사람이 필요하다고 자주 말하지요. 학생의 학습 발달에 대해서 3자는 분명히 다른 시각을 가지고 있지만 그들 모두는 진지한 자세로 각자가 기여할 수 있는 특이한 어떤 것을 지니고 있습니다. 협력 포럼에서 중요한 부분은 합의를 도출하려는 의지와 능력입니다. 다시 말해서 3인의 탱고에서는 세 당사자들이 서로 의견을 모으는 데 유능합니다. 그리고 협력 포럼에서 좋은 작업 분위기 조성은 기능적 작업 분담과 연계되어 있습니다. 즉 행위자는 각기 자기가 제일 잘할 수 있는 일을 수행합니다. 멘토는 학습과정의 목표와 관련해서 이행해야 할 일을 가장 많이 알고 있는 전문가이며, 또 그 일을 실현하는 방법에 대해서 교육적 아이디어가 많은 사람입니다. 학부모는 아이의 학습 발달에서 주요 책임자이며 아이를 위한 열망과 긍정적 기대를 만들어 가는 데 유능합니다. 반면에 학생은 훈련하고, 연습하며, 시련과 싸우는 일을 제일 잘하며 오로지 자기 학습에 적극성을 보일 뿐입니다. 그러므로 학습 발달 대화에서 조성되는 옥토의 집단농장은 영양이 풍부한 사회적 활동의 장이 되고 모든 당사자들에게는 길가의 쉼터가 됩니다. 특히 여행이 서투를 때 아주 좋은 쉼터가 되지요.

내가 경험한 바에 의하면 학교장은 발달대화 자세를 일종의 협력 포럼으로 학부모와 학생, 그리고 멘토들에게 소개해야 하는 중요한 임무를 지니고 있습니다. 아울러 학교장은 이 협력 포럼에 적절한 시간과 장소를 제공하도록 협조해야 합니다. 발달대화는 매우 가치 있는 작업입니다. 그러므로 학교장은 이 기구의 활동에 대해서 상당한 관심과 배려를 가지고 운영해 나가야 합니다. 그 이유는 발달대화와 개인별 발달계획(IDP)이 학생의 학습 목표 달성을 위한 활동이며, 동시에 학교의 수월성을 보장하고 학부모와 학생들에게는 학습 활동과 학습 개발이 그 중심에 있음을 보장해 준다는 사실을 학교장 자신이 알고 있기 때문입니다.

3. 교사 팀의 활동

멘토가 전문성을 가지고 개인별 발달계획과 발달대화 분야에서 안정적으로 일하려면 그는 작업팀이 필요합니다. 그 누구도 혼자서는 안 됩니다. 작업팀은 멘토가 자기 학생에 관해서 전체적 모습을 구성해 내는 지식의 옥토에 해당한다고 하겠습니다. 교사마다 흔히 학생의 학습에 대해서 각자 다른 경험과 생각을 가지게 됩니다.

작업팀은 학생들의 학습활동에 관한 일상적인 소견들을 수집해 놓고 있는데, 멘토는 자기 학생들에 관련된 사항에 특별한 관심을 가지고 기록해 둡니다. 작업팀은 모든 교사들이 함께 일하거나 적어도 팀 소속 학생 전체에 대해 알 수 있도록 조직되어 있습니다. 그렇게 만든 이유는 학생 개개인의 학습활동에 대해서도 공동의 관심이 있어야 한다는 사실적 근거가 있기 때문입니다. 개인별 발달계획의 대화에 앞서 멘토에게는 자기가 지도하는 학생에 대해서 팀과 상의할 기회가 따로 주어집니다. 멘토가 학생과 마주 앉아 대화할 수 있고 그가 제시하려는 답변이 바로 작업팀이 멘토와의 협력을 통해 만들어 낸 세련되고 풍부한 내용을 담은 다면적 모습에 근거합니다. 이런 점을 알게 될 때 멘토 자신은 안정감을 느낍니다. 이에 상응하여 학생의 입장에서도 멘토가 자기에 대해서 피상적 견해가 아닌 다면적 모습을 알고 있다는 사실이 스스로에게 신뢰와 안정감을 갖게 해 줍니다. 한편 멘토로부터 나오는 응답은 그것이 특별히 심사숙고한 결과이고 멘토가 진정으로 말하고자 한 바를 표현한 것일 때 효과적으로 작용하게 됩니다. 이에 대해서는 다음 장에서 더 자세히 다룰 것입니다.

학생들의 사회적 활동이 활발하고 자신에게도 유익하면 그런 기회들은 종종 학생들의 발달단계에 도움이 됩니다. 또 학생의 학습단계는 사회적 풍토와 교사들의 작업팀으로부터 도움을 얻기도 합니다. 작업팀의 활동을 통해서 학생은 여러 어른들에게 알려지고 이름도 거명됩니다. 그는 많은 이의 시선을 받기도 하고 어른들의 기대 속에 안정감과 자신감을 갖게 됩니다. 그 학생은 낙인을 받거나 고정관념에 사로잡히지 않고 다양한 맥락 속에서 자신을 드러내게 됩니다. 내 생각으로는 개별 발달계획의 대담 시에 멘토 이외의 여러 선생들이 함께 참여하는 것이 좋을 것 같습니다. 제대로 잘 대처하기만 하면 그런 기회는 지금까지와는 다른 창조적 역동성을 창출해 낼 수 있습니다. 이러한 유형의 확장된 IDP 대담은 하나의 힘든 예술로서 압제적 인민재판과 혼동해서는 안 되는 것입니다. 하지만 교사 집단은 다른 대안적 모델을 사용해도 무방합니다. 솔직히 말해서 우리가 모든 학생들의 발달을 지지한다고 할 때는 청조적 IDP 방식에 어떤 장애물도 있을 수 없습니다.

작업팀을 운영하면 앞으로 다가올 전향적 발달단계를 찾아가야 할 때에도 창조적 조합이 가능하게 됩니다. 이것은 학생들이 훈련해야 할 과제로 나는 이것을 조합이라고 부릅니다.

이들 조합 방식은 한 개의 활동이 여러 다른 방식으로 나타날 수 있을 때 내 스스로의 무력감에서 헤어나도록 도와줍니다. 그것을 적어 두어야 할 상황이면 카메라로 사진을 찍어 둬도 되고 읽을거리라면 맹인용 녹음테이프를 틀어 볼 수도 있습니다. 또 스스로 생각해 볼 거리라면 친구와 함께 생각해 보는 것도 좋겠습니다. 여하튼 생각을 가다듬으려면 숲 속을 한참 거닐어도 되겠지요.

하나의 작업팀은 구성원 각자가 다양한 학습 기회에 어떻게 대처하고 있는가에 대해서 논의를 거친 후에 조합과 변형을 담은 카드식 색인을 만들어 낼 수 있습니다. 학습 도중에 오는 피로는 학생들에게만 있는 것이 아닙니다. 우리 성인들 역시 사고의 결핍과 강의 피로에서 벗어나기 위해 산더미처럼 많은 아이디어에 휩싸여 있습니다. 작업팀의 아이디어와 방법들을 열거해 보고 그들을 항아리에 담아 보세요. 그다음에 학생들로 하여금 항아리에서 아이디어를 골라내도록 하세요. 그중에는 어쩌면 누군가에게 적합한 것이 있겠지요.

멘토 개개인은 작업팀을 통해서 동료들과는 물론 지도 학생들과도 소통할 기회를 많이 얻게 됩니다. 멘토는 그 밖에도 IDP 대담의 진행 방식에 대해서 방법론상의 조언과 힌트를 얻게 됩니다. 따라서 작업팀의 구성은 좋은 멘토 대화를 이끌어 가기 위한 전제 조건이 되는 셈입니다. IDP 대담을 마친 후에 멘토는 작업팀에 제시된 구상과 이정표를 다시 설명해 주어서 작업팀으로 하여금 무엇이 진행되어 가는지를 알도록 해야 합니다. 이런 절차를 거치지 않으면 IDP 대담이 이룩한 여러 시도가 모래 속으로 스며들어 갈 위험이 있습니다. 작업팀은 개별적인 IDP 합의 사항에도 관여하고 있는데 이에 대해서는 뒷장에서 설명할 것입니다.

작업팀은 멘토 대화의 이행과 학생들의 목표 달성을 위해서 중요한 조직이므로 학교장은 시간과 역량을 투입하여 학교를 기능적으로 작동하는 작업팀으로 운영해 나가야 합니다. 학교장은 무엇보다도 작업팀이 일단의 학생 그룹과 일하고 있는가를 주시해 왔습니다. 말하자면 각 단위 그룹의 모든 학생들이 다양한 방식으로 작업팀 내의 모든 교사들과 접촉하고 있는가를 살펴 왔습니다. 학교장은 또한 작업팀의 활용 시간이 교육상의 업무와 학생들의 발달을 위한 교사들의 대담에 자주 쓰이고 있는지에 대해서도 관심 있게 지켜보았습니다. 그것은 학교의 임무에 학생들의 목표 달성을 위해 일하는 것 이상으로 더 중요한 것이 없기 때문이었습니다.

4. 일관된 테마 활동

IDP 대담에서 나타나는 멘토의 전문성과 안정감은 학교가 지식을 어떻게 인식하고 평가하는가에 대한 자신의 인식과 학습자의 진척 상황에 달려 있다고 하겠습니다. 우리들의 교육과정과 교과요목에는 유치원과 기초학교(9년제) 과정의 목표가 설정되어 있습니다. 다른 관계 문헌에는 우리가 생각하는 지식은 무엇이며 평가 대상은 무엇인지에 관해 주요 사상과 이론들이 제시되어 있는데, 이 책에서는 그것을 '일관된 테마 활동'이라고 부릅니다.

'일관된 테마'라는 개념은 아이들과 청소년들의 학습 상황을 장기적 안목에서 바라보는 자세를 다룹니다. 예비학교와 기초학교가 지정한 목표에는 많은 것이 담겨 있으며, 아이들과 청소년들은 이 목표에 도달하고자 무척 많은 시간을 할애하고 있습니다. 한 살짜리 아이가 예비학교에 들어가면 이것은 지식 발달의 고갯길인 30학기 (1~16세)의 방랑생활의 첫 문을 여는 것과 같습니다. 이들 30학기에는 우리가 (도달하려고 애쓰는) 목표라는 이름의 여러 정거장에 통합된 다수의 학습활동이 포함되어 있지요. 이 목표들은 상자 속에서 갑자기 튀어나와 학습활동을 방해하는 노인네처럼 생소한 인물들은 전혀 아닙니다. 목표는 학습과정 속의 구성 요소로 포함되어 있지요. 학습과정과 결과는 가위의 두 손잡이와 같이 서로 연결되어 있어 전체를 구성합니다. 이들 목표의 위치를 IDP 대담 속에 설정해 놓는 것은 물론 중요하지요. 멘토 개개인의 입장에서는 작업팀과 학교가 상시적으로 진행해 가고 있는 목표와 지식과 평가에 대한 대담의 일부를 이용하는 것이 또한 중요합니다.

목표란 무엇인가요? 지식은 무엇인가요? 할 수 있다는 것은 무엇을 말합니까? 우리가 평가하고자 하는 것은 무엇입니까? 우리가 자주 말하는 능력, 숙달, 이해란 무엇인가요? 이런 것들에 대해서 말하기는 쉽지 않습니다. 그래서 나는 "상시적으로 진행되는 대화"라는 표현을 쓰고 있습니다. 그러나 이것 역시 학교의 고유한 전문 영역입니다. 다른 사회기관들은 자기 영역의 일에 능숙하지요. 학교에 종사하는 우리는 항상 학습, 발달, 지식과 관련된 일에 비상한 관심을 집중하고 있지요. 우리는 그 분야에서 최고이니까요.

진척(Progression)

진척은 발달을 의미하며 그것은 학습과 개인별 발달계획(IDP)의 목표이자 의미입니다. 즉 더 많이 배우기, 앞으로 나아가기, 성공적으로 해내기를 뜻합니다.

원칙상으로는 유치원과 기초학교에서 30학기 동안 똑같은 일을 다양한 측면에서 반복하는 것입니다. 스웨덴어, 모국어, 제2언어, 수학, 그림 그리기, 체육, 보건, 가정과 재화, 소비자 지식, 음악, 자연, 사회, 수공예, 기술 등이지요. 이들 과목 영역은 30학기를 통해 감각적으로 선명한 것으로부터 구체적인 것과 추상적인 것에 이르기까지 발전해 갑니다. 이 과정을 나는 학습의 진척이라고 부릅니다. 바로 진척이라는 것이 무엇을 다루는가를 표현하고자 나는 서론에서 소개한 수준 측정levla이란 낱말을 점점 자주 써 왔습니다. 이 용어는 컴퓨터 게임을 하는 아이들과 청소년들이 어떻게 하면 새로운 도전과 새 해결 방법이 "또 다른 차원"에 존재하는가를 기술하고자 창안해 낸 용어입니다. 멘토는 이들 "차원"에 대한 지식을 가지고 있으며, "차원 측정"을 위해서 어떻게 해야 하는지도 알고 있습니다.

멘토는 이에 관한 지식을 목표, 지식, 학습, 평가에 관한 지속적인 대화를 통해서 얻습니다. 일부 학교에서는 그와 같은 대화가 '일관된 테마 그룹'에서 일어납니다. 연령층이 다른 아이들을 대상으로 일하는 동료 교사들은 그룹을 만들어 여러 종류의 과목들이 어떻게 발전해 나가는지 조사합니다. 멘토는 일관된 테마-동료들과의 작업을 통해서 각 과목이 어떻게 발전해 가는가(과목의 진척도)에 관한 그림을 얻게 됩니다. 또한 목표 기준들이 이 진척도와 어떻게 연관되어 있는지도 이해하게 됩니다.

교과과정 목표에 치중하고 있는 여러 유치원과 기초학교에서는 학습 여정의 여러 목적지(목표 지점)를 보여 주는 제반 그림, 지도, 텍스트를 자주 작성합니다. 이들 목표 지점에 관한 지식은 멘토로 하여금 IDP 대담에서 발전단계를 지적할 수 있도록 도움을 줍니다. 이것은 멘토가 수행하는 독점적인 기여 중의 하나로 학생으로서는 다음 단계가 무엇인지 알기 어렵습니다. 학생으로서는 도대체 다음 단계가 하나 더 있는지조차 이해하기 어렵습니다. 그래서 노련한 안내가 필요한 것입니다. 멘토는 학생에게 새로운 단계와 새로운 수준에 대해 설명해 줄 수 있는 안내자입니다. 멘토는 각 단계마다 까다롭고 골치 아픈 것이 무엇인지 알고 있지요. 그러므로 멘토는 특정한 목표에 도달하는 데 필요한 합리적인 시간상의 윤곽을 제시할 수 있어요. 나아가 멘토는 학생이 설계한 목표 그림을 자기 것으로 만들어 가도록 유도하는 데에도 능숙합니다. 학생은 그 목표에 대해서 처음에는 아는 것 같으나 자기 것으로 이해하지는 못합니다.

때때로 나는 목표 및 목표 달성과 관련된 이 문제로 인해서 일정한 저항에 직면하기도 합니다. 목표라는 문제가 학생의 학습과정을 방해하고 그들의 창의성을 저해할 수 있다고 주장하는 이들도 있지요. 그러나 내 생각은 정반대입니다. 우리가 일정한 목표나 목표에 대한 그림도 없이 일을 한다면, 다시 말해 우리가 어디쯤에 와 있는지 아무런 생각이 없다면 여행은 아주 흔들릴 수 있습니다. 기준과 목표는 학생이 자기 수준을 측정하는 데 도움을 주고 같은 방식으로 새 낱말은 이해를 새롭게 하는 데 쓸모가 있다는 것이 내 생각입니다. 학생으로 하여금 생각의 전환을 하도록 유도하려면 멘토는 IDP 대담 시에 학생이 다음 단계에 대한 이해에 접근하도록 도와줘야 하고, 설정된 목표가 동기부여에 합당한 목표 그림을 만들어 낼 수 있도록 이끌어 주어야 합니다. 멘토와 작업팀은 학생이 쉽게 사고의 전환을 시도할 수 있는 방법에 대해서도 자주 생각해 봐야 합니다. 이 모든 사안에 대해서 앞으로 다시 논의하게 되는데, 특히 발달영역 부분을 심화하는 장에서 다룰 것입니다.

5. 학습지도 활동

개인별 발달계획(IDP)을 작업하는 과정에서 때로는 대담 시간과 관련된 기록물 제작과 여러 가지 구상을 놓고 교착상태에 빠진 적도 있었습니다. 이 문제들은 물론 중요하지만 IDP 대담은 새로운 시도를 유도해 내는 퍼즐 조각의 하나라는 점을 우리는 기억해야 합니다. 우리가 항상 유념해 둘 것은 중요한 사안들이 IDP 대담 중에 일어난다는 사실입니다. 학생이 실질적인 학습 단계를 밟아 가는 과정은 학교의 일상적 일과 속에서 이뤄집니다. 따라서 그날에 해야 할 일은 반드시 해내야 합니다. 학습활동과 발달과정에서 가장 중요한 요인은 바로 활동에 관련된 것이며, 성공을 거두는 학생에게 나타나는 뚜렷한 특징은 바로 학습활동과 근면입니다. 학생이 등교하여 하루의 생활을 성공적으로 보내는가 여부는 그의 머릿속에 담긴 생각이 아니라 무엇을 실행하느냐에 달려 있습니다. 그러므로 학교에서 보내는 하루하루는 다양한 종류의 학습을 해내기 위한 매력적인 훈련 장소와 기회가 되어야 합니다.

IDP 활동이 일정한 구실을 하고 있는 학교(일명 훈련장)에서 IDP 대담은 학생으로 하여금 새로이 시도해 보도록 격려받는 코치의 기회로 자리하고 있습니다. IDP 대담은 새로운 시도에 대한 갈망의 자양분을 빨아먹는 적대적인 평가 장소가 아닙니다. IDP 대담은 훈련에 대한 기대를 북돋아 줍니다. 학교의 일상이 학습을 위한 훈련장이 되고 학생에게는 목표의 일부를 수련할 수 있도록 갖가지 기회와 방법이 제공되고 있다는 점에서 멘토는 안정감을 갖게 됩니다. 멘토가 IDP 대담을 제대로 실시하고 학생과 더불어 다음 단계로 들어설 방법에 대해서 여러 제안(창조적 결합)을 과감하게 시험해 볼 수 있는 것은 바로 그에게 이런 안정감이 있기 때문입니다. 멘토는 작업팀이 수학 연습을 기술과목과 조합하고, 생물(학)은 그림(미술)과, 체육 보건도 현대 언어와 조합할 수 있도록 개방되어 있음을 알고 있습니다. 현재 조정 중인 교과과정의 사회문화적 시각은 학교가 훈련장을 새로이 짓도록 협조하고 있는데, 훈련장의 기본 방침은 학생들의 학습활동을 편리하게 하여 학생 모두가 "할 수 없다"에서 "할 수 있다"의 단계로 들어서게 하는 것입니다. 학교의 구성원들 모두는 학습활동이 상호작용, 인공제품, 장소, 창의성 등을 다루기 때문에 지식 발달이 가능하다는 것을 알고 있습니다.

"할 수 없다"에서 "할 수 있다"로

비고츠키의 사회문화에 대한 관점은 학생들이 "할 수 없다"에서 "할 수 있다"는 단계로 들어서는 훈련장을 지어야 한다고 주장한 점에서 매우 적절했다고 하겠습니다. 비고츠키는 발달단계가 어떻게 해서 우리가 함께 만들어 가는 학습활동으로 변화되어 가는지에 대해 기술한 바가 있습니다. 그에 의하면 머릿속의 내적 과정은 특정한 문화 환경 속에서 다른 사람과 더불어서 보조 기구와 인공제품의 도움을 받아 외부적 활동이 일어난 다음에 나타나는 과정이라고 합니다.

아동의 발달은 내적 정신세계에서 솟아오르는 것이 아니고 다른 것들과의 상호작용에서 일어나는 활동입니다. 학생들의 심리과정 역시 그들의 실제 생활에 토대를 두고 있습니다. 그러므로 거듭 말한 바와 같이 학생들의 성공 여부를 결정하는 요인은 그들이 학교생활에서 실제로 행하는 일이지 등교 시에 머리에 담고 있는 생각은 아닙니다. 말하자면 학습활동과 학습훈련장이 결정적으로 중요하다는 것입니다.

따라서 학습활동이 핵심 용어가 되는데 비고츠키는 4개 차원에서 학습활동을 설명하고 있습니다.

학습의 사회적 차원

학생의 개인적 능력은 다른 사람들과의 다양한 사회적 접촉의 양태에서 나옵니다. 비고츠키는 학생이 한 가지 일을 두 번에 걸쳐 배우게 되는 경우 한 과정을 2단계에 걸쳐 이행하는 2단계 모델을 제시하였습니다. 먼저 학생은 자기가 할 수 없는 일을 시도해 봅니다. 그러나 그것을 할 수 있는 다른 사람과 함께할 때 그도 그 일을 해

낼 수 있게 됩니다. 그다음에는 그 학생이 혼자서도 할 수 있게 되지요. 학생은 친구로부터 간단히 능력을 빌려 오는 것입니다(교사도 물론 그런 친구가 될 수 있지만 친구들도 능력을 빌려주는 또래가 됩니다). 학생 자신이 할 수 없는 것은 좀 더 똑똑한 친구에게서 빌려 오고 그다음에는 혼자서 하게 됩니다. 훈련장은 달리 표현하면 그와 같은 공동 작업이 이뤄지는 수많은 기회라고 할 수 있습니다. 이러한 논의로부터 멘토와 학생은 아주 중요한 IDP 대담상의 질문을 얻게 되는데, "네가 이런 발달단계에 들어설 때 너는 어떤 사람과 또는 어느 집단과 함께할 것이냐?"와 같은 것입니다.

학습의 도구적 차원

학생이 학습활동을 활발히 할 때는 항상 도구(인공품)를 많이 사용하게 됩니다. 도구를 통해 학생과 외부 세계와의 관계가 매개되는 것입니다. 도구를 이용한 학습은 대내적 두뇌 작업에 앞서게 됩니다. 손가락 계산이 두뇌 계산에 앞서지요. 낱말은 특별히 중요한 도구이지요. 그래서 훈련장에는 여러 도구들이 학습 발달에 어떤 지렛대 역할을 할 수 있는가를 학생들이 계속 시험해 볼 수 있도록 작업실을 설치해 놓고 있습니다. 이런 논의에서 멘토와 학생은 다음과 같은 또 다른 아주 중요한 IDP 대담상의 질문을 얻게 됩니다. "네가 이번 순서에서 발달단계에 들어서면 너의 손에 잡히는 것은 과

연 무엇이지?" "'할 수 없다'에서 '할 수 있다'로 이르는 학습과정에서 네가 조금씩 맛본 개념과 낱말은 무엇이었지?"

학습의 공간적 차원

학생의 학습활동은 언제나 학습 상황이라는 특수한 상황과 장소에서 일어납니다. 일부 장소는 학습을 쉽게 하고 다른 장소는 어렵게 합니다. 그래서 학습훈련장은 학습활동을 다양성 있게 실시할 수 있도록 학교 안과 밖에 열려 있습니다. 이런 관점에서 멘토와 학생은 한 가지 더 중요한 개인별 발달계획상의 문제에 부딪히게 되는데, "네가 이러한 발달단계에 들어설 때 너는 어디쯤에 있어야 하지?"와 같은 문제입니다.

학습의 창의적 차원

학습으로 이끄는 활동은 창의적인 것으로 언제나 일정한 경계선을 넘어갑니다. 학생이 무엇인가 새로운 것을 하고, 전에 해 보지 못했던 것을 하고, 할 수 없던 것을 해내는 것을 창의성이라고 말한다면 앞서 언급한 3개 차원은 그 자체로 창의적인 것이 됩니다. 비고츠키의 관점에 따르면 몇 가지 조건이 충족될 경우, 즉 친구들과 함께하고 도구가 갖춰지고 유리한 환경과 장소가 제공되면 학생은 하지 못하던 일을 해낼 수 있습니다. 달리 말하면 학생은 "나는 이런 사람이야"라는 자기 상황에 묶여 있지 않고 또 다른 내가 될 수 있다고 말합니다. 학생은 또한 공동 작업, 도구, 장소 등을 이용만 하지 않고 그들을 재구성하기도 합니다. 성공적으로 공부하는 학생은 자신의 학습활동에서 자유와 창의성을 실감합니다. 그들은 자신의 학습 상황을 비틀고 뒤집고 다른 것을 추가하고 영향을 줄 수 있는 권한을 스스로에게 부여합니다. 자유롭게 사고하는 창의적인 학생들은 자신들이 한 단계 더 진전하고 있다는 사실을 스스로의 능력의 힘으로 돌리기도 합니다. 스스로 머리가 둔하다고 생각하거나 남들이 자기를 그렇게 본다고 느끼는 학생들은 창의적인 일을 전혀 해내지 못합니다(적어도 학교 안에서는). 그러므로 학습훈련장에서 멘토는 모든 학생들에 대해서 "어서 와, 너는 능력이 되니까 한 단계 더 나갈 수 있다"고 독려하는 기본 자세를 갖추고 있어야 합니다.

이런 논의에서 멘토와 학생은 다음과 같은 또 다른 중요한 IDP상의 문제를 제기하게 됩니다. "너는 이런 발전단계를 어떻게 너 자신의 방식으로 만들어 갈 수 있지?" "어떻게 하면 너 자신을 자유롭고 창의적으로 만드는 방식에 투입하고 스스로 도구와 장소를 이용하고 비틀고 뒤집고 추가할 수 있겠니?"

비고츠키는 "할 수 없다"가 하나의 결점이 아니고 "할 수 있다"로 향하는 지식 발달에의 입장권이라고 하면서 이 두 개념의 쌍을 뒤집어 놓았습니다. "할 수 없다-할 수 있다"가 하나의 단위를 이룰

때 발전적 단계에 맞춰지는 IDP 대담의 초점이 또한 의미를 갖게 됩니다. 즉 학생의 "할 수 없다"가 닫힌 위치가 아니라 직접 "할 수 있다"로 연결되는 것입니다. 하지만 학생과 멘토에게 "할 수 없다"가 정신적 쇼크(트라우마)가 되거나 한탄의 대상이 된다면 학생은 정지 상태에서 굳어져 버립니다. 그러니 "할 수 있다"와 "할 수 없다"는 형제지간인 셈입니다.

학습훈련장은 이들 4개의 사회문화적 차원의 도움으로 건설되는데, 덕택에 학생들은 한 단계 더 발전하게 되고 머리는 더 잘 돌아가게 됩니다. 이 책의 제2부에서 이들 차원은 한층 더 심화되고 IDP를 구성하는 특정한 맥락 속에 배치됩니다. 그리고 "비고츠키의 실제-공부벌레와 부정행위 쪽지 사이에서"를 더 읽어 보면 좋겠습니다.

이제 퍼즐 조각으로 돌아가겠습니다.

6. 학생의 반응활동

학생이 IDP 대담 시에 질문을 가지고 오면 좋은 멘토가 되는 일은 쉽고도 즐겁습니다. 만일에 좋은 코치가 되는 데 필요한 단 한 가지 조건만을 선택하도록 요구받는다면 그것은 학생이 자기 멘토에게 영리한 질문을 제시할 자세와 의욕을 갖추고 있는가 하는 점입니다. 학생이 멘토에게 상의할 문제를 가지고 찾아오는 기회가 실제로 황금시간대라고 하겠습니다. 학생들이 가진 영리한 질문을 제기하는 능력을 가리켜 나는 "진정한 지식의 갈구"라고 부르겠습니다. 이것은 모든 학습활동 시에 중요한 요인이 되고 지도할 때에도 결정적인 요건으로 작용합니다. 그러나 전통적 방식에서는 유감스럽게도 학생이 항상 질문을 준비해 오는 그런 것은 아니었습니다. 오히려 해답과 함께 질문을 준비해 오는 쪽은 멘토였습니다. 학생은 빈손으로 오고 기껏해야 정보를 받아 갈 준비를 해 오는 것이 고작이었습니다. 하지만 일이 그렇게 되어서는 안 되겠지요. 개인별 발달계획(IDP)은 우리가 다 함께 진행해 나가는 것입니다. 그래서 이 작업은 학교가 학생을 도와서 필요한 질문을 준비해 오도록 하고 지식에 대한 진정한 욕구를 북돋아 주는 기회를 많이 제공합니다. 이러한 조치는 대체로 학습에도 좋은 영향을 주고 지도에도 없어서는 안 되는 요소가 됩니다.

　우리는 어떤 학생이 멘토에게 좋은 질문을 잘하는지 알고 있습니다. 그들은 자신이 할 수 있다고 느끼며, 지금 한 단계 들어서고 있다고 믿으며, 자신의 학습활동에 대해서 홀가분한 기분을 가집니다. 그들은 자신이 갖고 있는 고차원적 인식과정과 협동하기를 두려워하지 않습니다. 말하자면 사고작용과 병행하여 "나는 이것을 이해하고 있는가?", "함께 따라가고 있는가?", "재미있는가?", "여기서 잠시 쉬어 생각해 보면 어떨까?"와 같은 유형의 질문을 계속 제기하는 특이한 사고과정을 거칩니다.

훌륭한 질문은 문제를 기능적으로 소유하는 자세에서 비롯됩니다. 즉 "나는 이것을 이해하지 못하니 멘토에게 문의해 보아야겠다." 그런데 문제를 기능적으로 소유하지 못하는 학생은 생각을 달리 정리합니다. "나는 이것을 이해하지 못하니 모든 걸 접어야겠다"라고 하거나 "나는 이것을 이해하지 못하지만 아무에게도 말하지 않아"인 것입니다.

학습에 대한 학생 자신의 반응, 곧 영리한 질문을 할 수 있는 능력, 진정으로 지식을 갈구하는 힘을 북돋우는 일, 대내적인 사고활동 등은 IDP 활동을 학생에게 유익하도록 개발하는 데 필요한 숙련활동에 속합니다. 이와 같은 좋은 질문들이 다양한 방식으로 표현될 수 있다는 점에 대해서는 뒤에서 다시 언급할 것입니다. 그러므로 일주일의 공부 일정 가운데는 학생 자신이 학습에 대해 숙고해 보고 지적 호기심을 개발하는 게재도 포함시켜야 합니다. 이를 실현하려면 학생은 자기의 학습과정을 기록에 남겨서 숙고하는 시간에 이를 훑어보고 생각할 자료를 마련해 두어야 합니다.

7. 학부모의 참여활동

학교생활을 성공적으로 이끌어 가는 학생은 자신의 학습활동에 관심을 가진 부모를 둔 학생입니다. 그렇다면 모든 학부모들이 스스로 참여활동을 발전시켜 나갈 수 있을까요? 내 생각에는 IDP 활동이 학부모의 관심을 증대시킨 것으로 알고 있습니다. IDP 활동을 검토해 보면 그런 학부모의 아이들의 발전상이 눈에 띄게 나타납니다. 학부모 자신에게도 무슨 변화가 일어나고 무엇을 할 수 있겠는가를 파악할 수 있게 됩니다. 그렇다면 학부모도 발달대화에 앞서 준비할 사항이 있을까요? 물론입니다. 대답은 꽤 간단하지요. 아이들이 학부모를 돕는 것입니다. 아이들은 IDP 대담을 통해서(앞장 참고) 자신의 학습과정을 되돌아보고 발달대화에 앞서 준비해야 하는 제반 조건을 제대로 터득한 바 있습니다. 아이들은 자신이 준비한 사항과 스스로 도출한 영리한 질문을 부모에게 보여 줘서 부모들도 참여할 수 있게 만듭니다. 비록 학부모들이 여러 과목과 교과요목에 대해 제대로 알진 못한다 해도 아이가 제시하는 참여활동과 준비 사항, 그리고 질문 따위에 무관심하지는 않습니다.

만일에 아이가 공부하고 있는 지식의 목표를 학부모가 알고 있다면 발달대화에 참여하는 일은 훨씬 더 쉽습니다. "나도 알고 있다"는 것은 교과과정의 목표와 기준이 어떻게 설정되어 있는가를 학부모가 알고 있기를 기대한다는 뜻은 아닙니다. 그것은 학교 당국의 전문적인 책임소재에 속합니다. 그러나 발달대화가 3인의 탱고가 되려면 참여자 모두가 여행은 무엇을 위해 떠나며 또 어디에서 출발해야 하는지 알아 둘 필요가 있습니다.

목표 달성에 기여하기 위해서는 학부모들(학생들, 교사들)은 학습이 어디서든지 이뤄질 수 있다는 점을 상기해야 합니다. 학습활동은 학교의 학습 시간에만 한정되어 있지 않고 가정의 일상생활에서도 일어납니다. 그들은 각기 다른 환경이지만 상호 보완될 수 있습니다. 가정에서는 나름대로 아이의 수학, 언어 및 다른 능력을 개발할 수 있습니다. 다양한 학습 상황이 열려 있는 것은 좋은 일이지요. 발달대화에 함께 참여하는 사람들이 숙고해야 할 점은 학습훈련이 학교와 가정에서 어떤 방식으로 이행되어야 하는가라는 점입니다. 한 가지 작지만 중요한 유의 사항은 학교에서 부과하는 숙제는 실제로 집에서만 할 수 있는 과제여야 된다는 것입니다. 앞에서도 지적했듯이 아이의 의욕과 기대치에 대해서는 부모의 태도가 중요합니다. 또한 아이의 학습 발달과 관련해서도 부모의 책임이 가장 크며 학교는 보완적 역할을 담당하는 것이지요.

이 문제가 부모의 의욕과 연결될 때 너무 낮거나 너무 높은 기대치 때문에 일어나는 몇 가지 딜레마에 대해서 살펴보려고 합니다.

나는 가끔씩 자기 아이에 대해 너무 낮은 목표치를 가지고 있는 부모를 만납니다. "내 아들이 수학을 못해도 상관없어요. 우리 친척 중에 아무도 잘한 사람이 없었으니까요." 반면에 어느 부모는 신중한 고려 없이 기대치를 너무 높이기도 하지요. "그 애는 의학계열에 들어갈 거예요." 이 두 가지 경우에는 3자로 구성된 발달대화를 통해서 다음에 이어질 발달단계와 관련된 여러 가지 미묘한 차이와 측면을 이야기하고 소통하는 것이 바람직합니다. 실제로 의학계열 입학 문제는 열 살짜리 아이에게는 당장 닥친 문제가 아니니까요.

그런데 부모 입장에서는 긍정적이지만 학생 자신에게는 그렇지 않은 기대치에 대해서는 본인도 의사 표시를 할 기회가 주어집니다. 멘토 역시 다음에 전개될 흥미롭고 적절한 발달단계가 무엇인지 학교 측의 전문적 시각을 개진할 기회를 갖습니다. 멘토는 이 책에 계속 나오는 만트라(주문), 즉 당신의 아이는 능력이 되니까 한 단계 더 진전할 수 있습니다"를 반복적으로 강조함으로써 너무 낮은 기대치를 갖지 말도록 설득할 기회도 가지고 있습니다. 따라서 멘토는 학생의 발달을 고무하기 위해 기회가 있을 때마다 만트라(주문)를 내세웁니다. 부모들에게도 자기의 발언을 변경할 기회가 부여됩니다. 3인의 파트너가 탱고 춤을 출 때 그들은 서로 눈을 마주 보고 오해를 풀어 가며 모두가 동의하는 이성적 해결 방안을 찾아갑니다. 그래서 3인은 자주 함께해야 합니다. 그렇게 될 때 학생은 비로소 발달대화의 사회적 활동에서 영양분을 얻게 되는 것입니다.

8. 변화를 위한 준비

퍼즐의 마지막 조각은 변화를 위한 모든 당사자들의 준비 사항을 다루고 있습니다. 학생이 한 단계 더 발전하려면 그가 아직까지 이루지 못했던 것을 해내야 합니다. 당사자 모두가 변화를 위해 준비한다면 이 과정은 당연히 수월하게 진행될 것입니다. 변화를 위한 준비는 학생으로 하여금 새 일은 새로운 방법으로 접근해야 한다는 것을 깨닫게 합니다. 또한 교사들도 학생이 한 단계 더 발전하는 데는 새로운 자세와 방법이 필요하다는 점을 이해하는 계기가 됩니다. 뿐만 아니라 학습 팀에게는 학습 진행 방법에서 새롭고 창의적인 조합이 필요하다는 점을 이해하는 계기가 됩니다. 이 준비과정을 통해서 학교장은 학생이 진입하는 새로운 단계가 진부한 학교의 일상과 학습 방법에 변화를 가져온다는 점을 이해하게 됩니다. 한편 부모 측에서 보면 아이에게 전개되는 새 단계가 부모들의 각별한 관심을 요구하는 계기가 됨을 깨닫게 되지요. 대개의 경우 그리 큰 변화와 결부되어 있진 않지만 그래도 무언가 색다른 것을 시도하려면 열린 자세로 항상 주의를 집중하는 것이 중요합니다. 좀 더 큰 변화가 요구되는 경우에도 작은 변화에서 새 방법을 택할 때 우리가 취했던 개방의 자세가 도움이 됩니다.

변화를 위한 이와 같은 준비 태세는 크건 작건 간에 개개인이 하나의 체계 속에서 희생물이 되지 않도록 도와줍니다. 변화를 위한 우리의 일상적 준비 자세는 인간과 체계 사이의 관계를 항상 조정하는 구실을 합니다. 체계에 대한 사람들의 적극적 관계가 제어당하는 곳에서는 기존의 체계가 우위를 점하고 결국에는 새로운 단계로 나가는 게 불가능해집니다. 곧 체계는 굳어지고 개인은 하나의 대상으로 전락하게 됩니다. 하지만 우리가 활동하는 체계 속에서 크건 작건 간에 항상 문제를 제기하고 무언가를 만지작거리며 바꾸고 비틀고 뒤집으며 떼어 내고 추가하는 일을 계속한다면 새로운 단계로의 진전은 가능합니다. 곧 개인별 발달계획(IDP)이 솥단지 안을 온통 휘저어 놓을 것입니다.

학생들의 지속적인 학습 행위와 관련하여 학생들과 멘토들이 적절한 방안을 도출해 내는 작업에 나도 여러 번 참여해 본 일이 있습니다. 그런데 창의적 사고들이 완전히 묻혀 버리고 만 경우, 그 이유는 "우리는 항상 이렇게 해 왔지 그렇게 해 본 적이 없다"라는 고정관념에 사로잡혀 기구상으로 다른 방안을 전혀 열어 놓지 않았기 때문이었습니다. 개발적 사고(IDP 합의 사항들)는 새로운 단계의 진입이 기존의 판에 박힌 일과 구조들에 도전하는 것임을 간과해서는 안 된다는 점을 알려 주고 있습니다. 예를 들어 IDP 대담이 학생들로 하여금 새 친구들과 공동학습을 개발할 필요성을 인식하게 했다면 공동학습을 주선해 주는 것은 마땅한 일이지요. 만일에 학습훈련장이 학생들에게 너무 안이한 장소로 체험되지 않고 새롭고 긴장감 도는 곳으로 만들어야 한다는 결론에 이르면 학교는 그러한 도전적 단계에 필요한 준비 조치를 해야 합니다. 우수한 학생은 더 많은 지적 도전을 해야 한다고 주장해 놓고 그에 합당한 조치들이 취해졌는지 주시하지 않으면 이는 불충분한 준비라고 하겠습니다. 우리는 기존의 체계를 휘저어 보아야 합니다. 현행 기구나 체계를 손대지 못하는 변수처럼 다뤄서는 안 됩니다. 그런 자세로는 새로운 학습 단계의 실현이 불가능하기 때문이지요.

학습활동이 상호작용과 중재, 그리고 일정한 상황적 영향 속에서 일어난다고 보는 사회문화적 관점에서는 협력 방식이나 도구, 장소 등의 변경에 따른 준비 조치가 물론 필요할 것입니다. 한 학생의 성공에 영향을 끼치는 요인 중에는 그 자신이 갖춰야 하는 조건보다 더 많은 다른 요인이 있다는 주장이 있기에 우리가 사회문화적 시각을 어렵게라도 경험해 보도록 하는 것입니다. 한편으로는 학생의 실패는 전적으로 학생 자신의 내부적 요인 때문이라는 낡은 시각으로 돌아가려는 유혹도 느끼게 됩니다. "그 학생의 두뇌 속에 무언가 문제가 있단 말이야." 이런 유혹은 우리가 대책 프로그램을 개발할 때 유독 크게 대두하였는데, 이에 대해서는 다음 장에서 다시 논의하겠습니다.

변화를 위한 준비 조치는 말하자면 개발단계를 "교실 밖"으로 옮기는 문제를 다루는 것이 아니고 주어진 상태를 그대로 두는 것입니다. 바로 위에서 지적한 것이 전통적인 지배적 관행이자 문제점이었지요. 그리하여 "이례적"이라든가 "할 수 없다"는 교실에서 수용되지 않는 낯선 몸통의 일부로서 밀려나 제외되었습니다. 그 결과로 학교는 창의적 문제 해결 방식을 고안해 내는 작업을 포기하는 데 익숙해진 것입니다.

그리하여 우열의 인간 분류를 지향하는 학교에서는 '걸러 내기'가 잘 작동하였던 것입니다. 모든 학생을 똑같이 환영하는 오늘의 학교는 학습활동에서 일어나는 문제 해결을 다면적 훈련장의 테두리 안에서 대처하려고 노력합니다. 우리는 변화를 위한 준비를 개발하고 있는 것입니다. 그래서 개인별 발달계획(IDP)은 질적인 안정성과 지속적인 반복성, 그리고 매우 구체적인 개발 요인을 담고 있습니다. 개발 진단이 내려진 다음에는 대책이 수립되고 그 대책은 기존 체계 속에 자리 잡게 됩니다.

이들이 바로 8개의 퍼즐 조각으로서 그들은 서로 결합하여 하나의 연관관계를 구성하여 IDP가 모든 학생의 학습과 개발에 도움을 주는 도약대가 될 수 있게 합니다. 이와 같은 서두의 설명을 통하여 멘토의 지도 역할이 고정된 기구의 틀 안에서 수행되는 교사 임무가 아니라는 점을 언급하고 싶었던 것입니다. 지도자상(멘토십)은 변경될 수 있고 또 변경되어야 하는 관계의 일부입니다.

개인별 발달계획(IDP)의
질적 점검을 위한 설문조사

아래 계획표를 이용하면 멘토(교사)나 학교장의 입장에서 당신의 학교는 8개 퍼즐 조각에 대비하여 어떤 상황에 놓여 있는가를 파악할 수 있습니다. 질문 중 몇 가지는 학생과 학부모가 답하는 것입니다.

IDP의 질적 평가를 위한 설문조사

당신의 학교 상황에 가장 적합하다고 생각하는 곳에 X 표시를 하시오.

1. 코치 활동	매우 그렇다	그렇다	그렇지 않다	매우 그렇지 않다
지도 활동이 있다.				
지도 임무의 작업팀 분담이 적절하다.				
학교장은 지도 활동의 중요성을 강조한다.				
학급 담임과 멘토의 구별을 분명히 한다.				
학교장은 멘토가 좋은 지도자가 되도록 능력 개발을 지원한다.				
멘토는 학생과의 만남에서 학생이 발달단계를 밟아 갈 수 있다는 전문적인 신뢰감을 전달해야 한다.				
멘토는 학생이 발달단계로 들어서리라는 기대를 표시한다.				
멘토는 학생이 한 단계 전진하기를 바라는 소망을 표시한다.				
멘토는 대담이 즐겁고 긴장되고 유익하다고 여긴다. 멘토는 사회적 반응에 민감한 능력을 보유하고 있다.				
멘토는 학생과 함께 새로운 각도에서 어려운 점, 문제점, 문제 해결의 대안을 기꺼이 찾는다.				
멘토는 학생이 발달단계를 실현하도록 독려하는 데 유능하다. 그는 부분 목표를 향해 일하면서 진행과정을 살피고 진척 상황에 관심을 가지고 지켜본다.				
학생은 자기 멘토에게 기꺼이 귀를 기울인다.				
학생은 멘토가 학생에게 귀를 기울이도록 협조한다.				
학생은 질문을 통해서 자기 학습 개발을 잘해 내고 있다.				
학생은 자기가 심사숙고한 것을 잘 표현한다.				
학생은 어른들의 평가를 수동적으로 받아들이지 않는다.				

	매우 그렇다	그렇다	그렇지 않다	매우 그렇지 않다
학생은 자기가 직면한 문제를 자세히 기술하는 데 주저하지 않는다.				
학생은 열린 자세로 조언의 일부를 받아들인다.				
학생은 열린 자세로 창의적 해결 방법을 받아들인다.				
학생은 목표의 대상과 부분 목표에 대해 어떻게 공부할 것인가를 알고 있다.				

2. 3자의 탱고 활동	매우 그렇다	그렇다	그렇지 않다	매우 그렇지 않다
학부모들과의 발달대화는 개발을 위한 협력 포럼이지 정보 전달 시간은 아니다.				
발달대화 중에 모든 이는 의견 일치에 성의를 다하고 각자가 제일 잘하는 것을 떠맡는다.				
멘토는 전문가로서 교과과정 목표와 관련해서 자신이 할 일에 대해 아주 잘 알고 있다.				
멘토는 전문가로서 목표 달성 방법에 대한 교육적 아이디어를 많이 가지고 있다.				
학부모들은 자기 자식에 대한 열망과 긍정적 희망을 잘 간직하고 있다.				
학생은 자신의 학습에 적극적이며 잘 수련하고 있다.				
학교는 협력 포럼을 위해 시간과 장소를 마련해 놓았다.				

3. 교사 팀의 활동	매우 그렇다	그렇다	그렇지 않다	매우 그렇지 않다
작업팀은 멘토들에게는 지식의 토양과 같아서 멘토들은 거기서 매주 자기 학생의 전면적인 모습을 관찰할 수 있다.				
작업팀은 모든 교사들이 팀 전체 학생들과 함께 일하며 그들에 대해 알 수 있도록 조직되어 있다.				
IDP 대담에 앞서 멘토는 자기 학생에 관해서 팀과 대화를 나눌 별도의 기회가 있다.				

	매우 그렇다	그렇다	그렇지 않다	매우 그렇지 않다
작업팀과의 대화를 통해서 학생의 여러 학습 상황이 관찰된다.				
작업팀 활동을 통해서 학생의 수련 방법에 대한 창의적 조합 방식이 이뤄진다.				
작업팀의 시간이 별도로 지정되어 있다.				

4. 일관된 테마 활동	매우 그렇다	그렇다	그렇지 않다	매우 그렇지 않다
멘토는 학교가 학습의 진척 상황에 대해서 어떤 생각을 가지고 있는지 잘 안다.				
멘토는 개개의 과목이 어떻게 개발되어 가며 어떤 목표 기준이 설정되어 있는지 상황을 파악하고 있다.				
우리 학교는 교과과정 목표를 심화하였다.				
우리 학교는 여러 가지 자료를 마련하여 학생들이 교과과정 목표를 보고 이해하도록 되어 있다.				
멘토는 다음에 들어갈 발달단계에 대해 학생에게 설명할 수 있다.				

5. 학습지도 활동	매우 그렇다	그렇다	그렇지 않다	매우 그렇지 않다
우리는 기록보고서 작성에 머무르지 않고 개인별 발달계획(IDP)을 학습활동과 연관시켜 관찰하고 있다.				
IDP 대담은 학습훈련에 대한 기대를 갖게 한다.				
멘토는 학교의 일과가 학습훈련장이 되고 학생이 자기의 부분 목표를 수련하도록 여러 가지 방안을 마련해 놓은 점을 신뢰한다.				
훈련장에는 공동 학습지도의 기회가 아주 많이 있다.				
훈련장에는 각종 실습실이 마련되어 있어 학생은 다양한 도구들이 학습에 어떻게 도움이 되는지 실험해 볼 수 있다.				

학교 안과 밖의 여러 장소에 설치된 훈련장은 학습활동을 다양하게 만든다.				
훈련장의 기본 가치는 "어서 와, 너는 해낼 수 있고 한 단계 더 나갈 수 있어"라는 자세이다.				
우리 학교에서 "할 수 없다"는 하나의 결점이 아니라 지식 개발로 들어가는 입장권이다.				

6. 학생의 반응활동	매우 그렇다	그렇다	그렇지 않다	매우 그렇지 않다
학생은 IDP 대담에 앞서 준비할 기회가 있다.				
학생은 IDP 대담 시에 자기 학습에 관한 질문을 가지고 와서 책상 위에 무언가를 내놓는다.				
학생은 내적 사고활동을 통해 연습을 해 보고 자신의 학습을 반추하는 훈련을 쌓는다.				
학생은 자기의 학습 진행 상황을 기록한다.				
멘토는 학생에게 IDP 대담 시에 질문을 준비해 오도록 독려한다.				
학생은 IDP가 무엇인가에 대한 참고 자료를 갖고 있다.				

7. 학부모의 참여활동	매우 그렇다	그렇다	그렇지 않다	매우 그렇지 않다
학부모는 자기 아이의 준비 사항의 일부를 도와준다.				
학부모는 학교의 목표 기준에 대해 알고 있다.				
학부모는 아이가 학습 목표를 달성하는 데 부모의 입장에서 어떻게 기여할 수 있는가를 생각해 본다.				
가정 숙제는 집에서 할 수 있는 과제들로 제한한다.				
학부모는 자기 아이에 대해 건전한 수준의 희망과 기대를 가지고 도와준다.				

8. 변화를 위한 준비	매우 그렇다	그렇다	그렇지 않다	매우 그렇지 않다
우리 학교는 IDP 대담에서 튀어나온 창의적 제안들이 실제로 실현될 수 있도록 개방되어 있다.				
우리 학교는 학생의 발달단계를 위해서 여러 가지 창의적 조합 방식을 시험해 보는 것을 즐겁게 여긴다.				
우리는 IDP 합의 사항들이 기구 변경을 의미할 수도 있다는 데에 동의할 자세가 되어 있다.				

당신이 지금 작성한 설문조사는 장래 학교 발전을 위한 토대로 사용될 수 있습니다. 당신이 표시한 사항에 대해서 함께 일하는 작업팀과 상의해 보세요. 우측에 표시된 부분들이 특히 흥미로운데 그 부분들은 앞으로 개발할 필요가 있습니다.

제2부
개인별 발달계획(IDP)
-5가지 접근 방법

진정한 지식 갈구
-IDP에 대비한 학생의 준비 사항

이 장은 퍼즐 조각 6번과 관련된 것으로 마음속으로 들어 보기, 기여하기, 질문하기, 생각하기, 어휘 사용하기 등을 다룹니다.

마음속으로 듣기

학생에게 지적 호기심에 찬 질문을 하도록 권장하고 독려하는 일은 모든 학습활동에서 매우 중요합니다. 특히 IDP 작업에서 학생의 질문은 평가를 내릴 수 없을 만큼 귀중합니다. 이러한 주장의 배경으로 나는 다음과 같은 역사적 이야기를 들어 설명하겠습니다.

2차 세계대전 시 나치 점령하의 노르웨이에서는 용기 있는 많은 여성과 남성들이 이른바 '향토전선'이라는 저항운동에 가담했습니다. 그중에서 가장 용기가 출중한 사람 중의 하나가 작가 잉에보르그 레플링 하겐Ingeborg Refling Hagen, 1895~1989이었습니다. 그녀는 지하운동 신문 예세포스텐Jösseposten의 주필로서 자국 국민들에게 저항에 동참할 것을 독려했습니다. 그러나 1941년 12월에 게슈타포는 마침내 그녀를 체포하여 악명 높은 그리니Grini 수용소에 감금했다가 후에 울레볼Ulleval 병원으로 옮겼습니다. 병원생활 시절에 그녀가 어떻게 대중교육 활동과 저항운동을 계속하였는지 그에 대한 환상적인 이야기가 있습니다. 아래 인용문 속에서 그녀는 울레볼 병원의 간호사들과 함께 있습니다.

"그들은 비타민 주사를 가지고 왔어요. 내 머리를 감겨 주기도 했지요. 닦고 문지르고 옷이 담긴 커다란 광주리를 운반하기도 했어요. 그들은 연령과 기질과 배경에서 차이가 많이 나 있었습니다. 하지만 내 방에 들어올 때는 매번 나는 그들에게 무엇인가를 이야기해 주려고 했지요. 그것이 민담일 때도 있었고 신화나 동화, 시에서 나온 것도 있었지요. 어떤 때는 단지 그림이나 어떤 개념에 대해서 말하기도 했어요."

병상에서 하는 이런 작은 '강의'는 몰래 진행해야 했는데 그것은 환자가 게슈타포에게 심한 감시를 당했기 때문이지요. 그럼에도 불구하고 강의는 직원들에게 인기가 있었습니다. 그들은 점점 더 듣고 싶어 했어요. 특히 잉에보르그가 철학자 쇠렌 키르케고르에 대해서 더 많은 이야기를 해 주기를 원했지요.

"마치 불을 당겨 놓은 것 같았어요. 말하자면 쇠렌 키르케고르, 그가 바로 열쇠를 쥔 사람으로 그들의 문제를 도와줄 수 있는 사람은 그뿐이었지요. 그들은 될수록 속히 그 사람을 붙잡고 싶어 했습니다."

그런데 그들의 열망이 최고조에 달한 시점에서 잉에보르그는 역설적이면서도 흥미로운 반전을 시도합니다. 덴마크의 철학자 이야기를 더 하거나 읽기를 권장하는 대신에 그녀는 다음과 같이 말했습니다.

"아닙니다. 당신들은 그분에 관한 공부를 시작할 수 없어요. 그분에 관해서 책장을 하나하나 넘겨 가며 읽을 수도 없어요. 대신에 인내심을 가지고 문제마다 마음이 내키는 대로 자신의 마음속으로 들어가 보세요. 그다음에 문제점을 정리해 보고 다 함께 해답을 찾아보도록 합시다. 그러면 답을 찾게 될 것입니다."

*위 인용문은 '잉에보르그 레플링 하겐스'에서 발췌한 것으로 그의 '어둠 속의 섬광'은 아직 스웨덴어로 번역되지 않았습니다. 여기에 인용된 번역은 윌바 홀름Ylva Holm이 한 것으로 1981년 'Folket i Bild Kulturfront'에 게재된 것입니다.

이 노르웨이 작가는 질문에 대해서 설명과 격려를 번갈아 가며 응대해 주는 아주 노련한 교육자였습니다. 자기 "학생"을 격려하여 인내심을 발휘하도록 이끌며 내면적으로 귀를 기울이게 하고 질문을 구체화하는 그녀의 방식은 아주 탁월했습니다. 공동 작업과 관련해서도 마찬가지여서 "질문을 구체화한 다음에 우리 함께 답을 찾아봅시다. 그러면 답이 나옵니다"라고 하였지요. 그렇다면 우리가 IDP 작업에서 '잉에보르그 레플링 하겐'으로부터 배울 수 있는 방법은 무엇일까요? 학생들이 내면적으로 듣고 질문을 구체화하도록 도울 수 있는 방법은 무엇일까요? 무엇보다도 질문을 하고 싶은 의욕은 어디서 나오나요?

다른 사람들과의 관계

질문을 하고 싶은 의욕은 어디서 나오나요? 그것은 다른 모든 것들과 마찬가지로 사람들과 협력할 때에 나타납니다. 우리 한번 살펴보지요.

갓 태어난 꼬마 아기도 스스로 개발해 나갈 수 있는 것들이 있는데 운동신경 발달에 따른 반사운동이 이에 속합니다. 그러나 대개의 경우 아이의 발달 요인으로 다른 사람들의 역할이 결정적으로 작용한다고 하겠습니다. 아이들은 자기와 함께 말을 나누는 사람과 상호작용할 기회가 없이는 말을 배우지 못합니다. 아이들은 글귀와 그것을 읽을 수 있는 사람과 함께하는 기회가 주어지지 않으면 글 읽기를 배우지 못합니다. 마찬가지로 학생들은 복합세계를 만나지 않으면 추상적으로 사고하는 법을 배우지 못합니다. 나의 활동 에너지, 정체성, 사고력은 사람들과의 관계와 맥락 속에 토대를 두고 유지되는 것입니다(그렇기 때문에 나는 위에서 언급한 운동신경 발달에 따른 반사작용은 순수한 개인적 활동이라고 한 내 주장을 변경하고자 합니다. 이러한 기본적 동작까지도 사회적 관계로부터 영향을 받는데 여기서 이 문제를 더 전개하는 것은 우리의 초점인 지식 개발에서 너무 멀리 나가는 것입니다). 간단히 말해서 학생이 "할 수 없다"에서 "할 수 있다"의 발달단계로 한 단계 더 들어서려면 다른 사람들, 예를 들어 교사들이 필요한 것입니다. 그래서 교사라는 직분은 매우 중요한 의미를 지닙니다.

무엇을 얻는다는 것

많은 아이들이 이와 같이 없어서는 안 되는 협력에 대한 생활습관과 생각을 일찍이 터득합니다. 내가 한 단계 더 나아가려면 또 다른 사람이 필요한 것입니다. 꼬마 아이에게 세계는 크다고 느껴집니다. 그 아이에게는 그 무엇인가와 누군가가 필요합니다. "나는 네가 필요해." "내게로 와 줘." "나는 너에게 간다."

그때 아이가 "할 수 없다"와 "할 수 있다" 사이의 실제 불균형 상태에서 무언가 도움을 얻게 되면 그 아이는 아주 중요한 사고 모델을 확립하게 됩니다. "내가 한 단계 나가려면 다른 사람들과 접촉하는 것이 좋겠다. 그러면 무엇인가를 얻게 된다."

이런 사고 모델을 가진 학생은 개인별 발달계획(IDP)을 건설적인 방법으로 이용하게 됩니다. 그 이유는 IDP가 기본적으로 학생이 한 단계 나갈 때 멘토가 학생을 돕는 문제를 다루고 있기 때문입니다. 만일에 학생이 다른 사람이 무언가를 제공해 주리라는 분명한 기대와 희망을 안고 이 협력활동에 들어온다면 멘토의 입장에서는 아주 쉽고 즐거운 일이 될 것입니다. 그것은 대화가 학생 측의 질문(소망, 기대, 희망)에서 시작되는 까닭에 그런 거지요.

자료 확보와 자료 이용

학습활동은 상호작용이기에 서로 작용하는 두 가지 측면이 하나의 단위를 이루고 있습니다. 한 측은 학생이 사회적으로 얻게 되는 지식을 이용하는 것, 즉 지식 제공자를 확보하는 일이고, 다른 한 측은 학생이 사회가 제공하는 지식에 접근하여 이를 받아들이고 다른 사람의 도움을 받아 그것을 자기의 것으로 만들어 가는 것입니다. 여기서 우리는 후자의 측면에 초점을 맞추려고 합니다. 곧 다른 사람이 제공하는 지식에 응답하는 학생의 개방적 자세를 다루고자 합니다.

그렇다면 다른 사람에게 응답하는 개방적 자세, 즉 내가 말하는 지식 갈구에 대한 진정한 자세가 모든 학생에게 다 갖춰져 있지는 않다는 것인가요? 모든 학생이 다 지식을 받아들일 마음의 문을 열고 있진 않다는 뜻인가요? 나는 기본적으로 모든 아이에게 지식을 수용하는 능력이 상당한 정도로 유사하게 존재한다고 생각합니다(그러나 자폐성 아이는 이 영역에서 어려움이 있습니다). 그런데 내가 얻은 교육 경험에 의하면 일상적인 학교 공부에서 아이들이 받아들이는 개방적 자세가 아주 다르다는 것입니다. 일부 학생은 받아들이기를 잘하는 반면에 다른 아이는 좀 덜합니다. 그들은 자기의 수용 능력을 개발하지 않았던 것 같아요. 어쩌면 능력 개발에 장해가 있었는지도 모르지요. 그 애들 역시 한 번쯤은 세상을 향해 손을 내밀고 도움을 받고 싶어 했겠지요. 한데 무엇을 얻어 본 경험이 있었을까요? 그 아이들은 다른 사고 모델을 얻었을 거예요. "나는 얻는 게 없어. 아무것도 필요 없어. 날 좀 그냥 내버려 둬." 학교가 재미 없다고 여기는 학생들에게서 내가 자주 보는 조짐은 바로 자기들을 좀 조용히 있게 놔 달라는 것이었지요. 즉 "당신들 일이나 챙기세요." 말하자면 "상관하지 마세요"라는 의미이지만 그래도 어쩌면 관심을 가져 달라는 뜻이 담겨 있을 거예요.

모든 상황에서 다른 사람에게 다가서려는 의욕이 약하면 그것은 걱정거리가 됩니다. 무언가를 받아들이려는 개방성이야말로 학습 활동의 중심이 되니까요. 러시아의 철학자이며 문학자인 미하일 바흐친Michail Bachtin, 1895~1975은 이해의 상호작용의 특징에 대해서 자세히 기술한 바 있습니다. 그는 학생이 이해에 접근하려는 반응성 (이해자의 반응성)의 비중을 특히 강조하였습니다. 누군가가 어떤 발언에 대해 반응할 준비가 되어 있다면 비록 응답이 성립되지 않았더라도 그는 그것을 이해했다고 말할 수 있다고까지 했습니다. 중요한 것은 어떤 것에 대해서 응답하려는 준비 자세와 개방성입니다.

준비성이 비교적 약한 학생들은 그래서 수용 능력을 높일 수 있는 기회를 많이 만들어야 합니다. 수용 능력의 개발은 오히려 역설적으로 남에게 주고 무언가를 보조하고 좋은 질문을 제기하는 자기

능력 개발로부터 시작하는 것입니다. IDP 작업에는 쉬운 것, 어려운 것, 적어도 도움을 받고자 하는 것, 물어보고 싶은 것들에 대해서 학생들이 발언하기가 점점 더 쉬워 진다고 느끼게끔 만드는 좋은 연습 기회들도 포함되어 있습니다.

주는 것이 얻는 것이다

어느 유치원에서 아이들과 교사들이 자주 밖에 나가서 놀고 있습니다. 그 유치원은 개천가에 위치하고 있어서 가끔가다 색다른 물건들이 떠내려 오는데 아이들은 그 물건들을 주워 가지고 유치원에 와서 새 장난감으로 삼아 즐겨 놉니다. 그런데 또래의 한 아이는 다른 아이들과 잘 어울리지는 않으나 개천가에서 주운 물건을 가지고 놀기는 하는데 그것을 절대로 유치원에 가져오는 일이 없었어요. 나는 교사들에게 그 애를 좀 적극적으로 설득해서 주운 물건을 가져오도록 해 보았어요. 그 애는 교사의 요구에 적절히 응하는 듯했으나 결국 자기가 가지고 놀았던 판자 쪽 하나만 마지못해 가져왔어요. 그 애가 주워 온 판자 조각, 나뭇가지, 솔방울 따위를 가지고 놀기 시작하자 그것들을 가지고 무언가를 만들어 보라고 했지요. 내 말은 들은 척도 하지 않더니 겨우 아이들이 만든 둥근 원 속으로 들어가 버렸어요. 그런데 그 아이는 자기가 취한 행동을 좋아하지도 않았고 그런 놀이에서 별다른 것을 기대하지도 않는 것 같았습니다. 하지만 그 아이가 판자 쪽을 들어 올리는 순간 색다른 일이 벌어졌어요. 그 아이의 행위 동기는 별것 아니었지만 다른 아이들은 궁금한 게 많아졌어요. "그건 판자 쪽이지? 그게 어디서 온 것 같니? 부서진 보트에서 나온 것 아냐? 보트에 있었던 사람들은 어떻게 됐지? 그 판자 조각으로 무엇을 하려고 하니?"

다른 아이들의 궁금한 질문이 쏟아지자 결국 사내아이는 그들이 받은 인상을 모두 무시해 버릴 수가 없었습니다. 그 애는 대답을 시작하면서 자기가 적은 일에 대해서 공상하기 시작했어요. 그런데 그 작은 일이 아이들의 호기심을 자극하는 데 크게 기여했지요. 다른 아이들의 지적 동기가 실제로 부드러운 봄비처럼 그에게 흩뿌려질 때, 그래서 충분히 맞고 나니 그 아이는 다른 아이들의 지적 동기를 자기 자신에게 빌려 오기 시작했습니다. 아이들에게 답변을 해 주면서 자기의 생각과 질문을 찾아낸 것입니다.

동기유발은 다른 모든 심리적 과정과 똑같이 상호작용을 통해 자라나는 것입니다. 우리가 호기심과 동기가 발생하는 어떤 상황이나 관계 속으로 들어가면 그 그룹의 호기심을 빌려 올 수 있습니다. 다른 사람에게 일어나는 것이 나에게도 일어나니까요. 우리는 다른 사람을 통해서 우리 자신과 만나게 됩니다. 또한 우리가 다른 사람을 알고 있는 범위 내에서 우리 자신을 알게 됩니다. 자신을 이해하는 것도 다른 사람을 이해하려는 행동에서 시작됩니다.

그러므로 멘토의 조언과 힌트를 받아들이기 어려운 학생들은 남에게 주는 것, 무언가를 기여하는 것부터 연습하는 데서 시작해야 합니다. 비록 그 기여가 단지 나뭇조각 하나에 불과하더라도.

IDP 대담에 앞서 무언가 기여하기를 연습하는 법

학생은 나뭇조각의 사내아이처럼 개인별 발달계획(IDP) 대담 시에 무언가 기여하는 부분이 있어야 하는데, 기여하기를 훈련하는 방법에는 여러 가지가 있습니다. 진정한 의미에서 지식 욕구에 문제가 있는 학생은 구체적 요구 사항으로서 자기가 준비해야 하는 과제가 있어야 합니다. 내가 IDP 작업을 위해 일하던 수년 동안 교사들은 학생들의 기여 방식을 돕는 여러 가지 기발하고도 한번 해 볼 만한 과제들을 내게 보여 주었는데 아래와 같은 것들이 있었습니다.

기발한 과제

"우리가 체육을 할 때 찍은 사진 중에서 두 장을 고른 다음 그 사진을 보고 다음 질문을 생각해 보세요. 당신이 체육을 할 수 있다니 기분이 어떤가요? 당신이 고른 사진을 IDP 모임에 가지고 오세요."

"역사책에서 재미있다고 생각한 한 장을 골라서 표시하고 그 책을 우리의 IDP 모임에 가져오세요."

"여기에 두 가지 종류의 다른 숫자가 있는데 하나는 계산용 숫자이고 다른 하나는 일컫는 숫자입니다. 그들은 어느 면에서 함께하고 어느 면에서 서로 분리되지요? 그 숫자들과 함께 당신의 생각을 우리의 IDP 모임에 가져오세요."

"여기 교실 안에서 우리가 만들어 낸 그림이 한 장 있습니다. 이 그림에서 당신의 역할은 무엇이라고 생각하지요? 당신의 자리는 있나요? 너무 큰 자리인가요? 너무 작은 자리인가요? 그 그림들에 대해서 생각해 보고 그림들과 함께 당신의 생각을 우리의 IDP 모임에 가져오세요."

"여기에 당신이 참여한 그룹 작업에서 찍은 사진이 한 장 있습니다. 이 사진을 보면서 어떤 느낌이 들었고 어떤 생각을 했나요? 학생들은 어떻게 서로 협동하고 있나요? 당신의 역할은 무엇인가요? 이 사진에 대해 생각해 보고 사진과 함께 당신의 생각을 우리의 IDP 모임에 가져오세요."

"본인의 노트를 들여다보세요. 지면 배정은 어떻게 했나요? 당신이 쓴 것을 다른 학생들은 이해하나요? 당신의 노트와 생각을 우리의 IDP 모임에 가져오세요."

"학급용 디지털카메라를 빌려서 여러 가지 학습 상황을 찍어 두세요. 그다음에 여러 학습 상황에서 본인이 어떻게 느끼고 생각하는지 잘 생각해 보세요. 찍은 사진과 당신의 생각을 우리의 IDP 모임에 가져오세요."

"필기를 할 때는 어떤 도구를 사용하나요? 당신이 제일 좋아하는 것들을 우리의 IDP 모임에 가져오세요."

이와 같은 다양한 과제들은 적어도 4가지 특징이 있습니다. 첫째로 학생에게 자기가 실제로 작업하고 함께 만든 것 중에서 일부를 가져오게 하는 것입니다. 둘째로 학생에게 그림, 필기장, 필기 과제와 같은 비고츠키가 말한 인공물을 가져오도록 일러두는 것입니다. 셋째로는 학생에게 자기 앞에 놓인 인공물에 대해서 생각해 보도록 권유하는 것입니다. 넷째로는 학생에게 인공물을 IDP 대담에 가져오게 하는 것입니다. 마지막으로 언급한 사항은 남에게 주는 것과 관련된 행동을 다루고 있습니다(지식 발달이 사회문화적 활동에 속하므로 우리의 과제들이 과목, 관계, 인공물, 상황 따위를 다루게 되는 것은 자명한 일입니다).

IDP 대담은 학생이 무언가를 책상 위에 꺼내 놓는 것으로 시작됩니다. 그런데 그것을 말로 표현하는 것으로는 충분치 못하고 반드시 언어적 표현과 물건, 이 두 가지가 있어야 합니다. 멘토는 무엇이 책상 위에 올라올지 정확히 모르는 게 좋습니다. 예측 불가의 자세가 무리 없는 진솔한 질문을 만들어 냅니다. 따라서 멘토는 가식 없는 궁금증을 가지게 됩니다. 학생은 위에서 든 사내아이의 경우처럼 자신이 무언가를 제시하고 그 행위가 다른 아이에게 궁금증을 일으키게 한다는 사실을 체험하게 됩니다. 그리고 나선 그 아이의 순수한 호기심의 일부는 그 학생이 제공한 것이고 나머지는 외부에서 빌려온 에너지 덕택임을 알게 됩니다. 학교의 옛날 전통은 아는 사람이 질문을 하고 모르는 사람이 대답을 하는 것이었는데, 현재는 당사자가 서로 도와서 앞뒤로 물결치는 상호 협동의 공동 작업에 유리하도록 바뀌어 가고 있습니다. 위에서 든 사례 가운데는 한 가지만을 선택하도록 요구되는 경우도 있습니다. 한 가지만을 선택해야 한다는 상황은 여러 경우에 지적 호기심과 질문으로 연결되는 첫 단계가 됩니다. 선택을 한다는 것은 자기 자신이 주체가 된다는 것입니다. 즉 "내가 왜 이 그림을 골랐지?" "도대체 이 그림으로 무엇을 하려는 거야?" 무언가를 선택한다는 것은 무관심과 무력감에서 빠져나오는 한 가지 방법이 됩니다. 실제로 선택과 자아 확립은 서로 밀접한 관계에 있습니다.

즉 말하자면,

- 학생은 반드시 준비를 해 와야 한다.
- 준비 작업은 학생이 함께 참여했던 것을 이용한다.
- 준비 작업은 인공물(도구)을 이용한다.
- 학생이 선택을 한다.
- 학생은 책상 위에 무언가를 내놓는다.
- 주는 것이 얻는 것이다.

내 자신을 위한 내적 대화
-IDP에 대비한 학생의 준비 상황에 대하여

앞장에서는 학생이 IDP 대담에 앞서 자기의 질문을 개발하는 것이 얼마나 중요한가를 설명하였습니다. 아이들의 질문은 멘토와의 대화에 활력을 불어넣어 줍니다. 발달영역이 전망하고 있는 지점은 아이들의 생각과 어른들의 능력 사이에 작동하는 역동성에 의해 정해진다고 하겠습니다.

한편 좋은 질문에는 준비가 필요하고 학생에게는 그럴 기회가 마련되어야 합니다. 준비 작업을 하는 과정에서 학생은 자기가 한 것을 훑어보고 생각하며 가시화하면서 자신의 사고력과 학습과정을 인식하게 됩니다. 이 장에서는 들여다보고 생각해 보는 측면을 좀 더 가까이 살펴보겠습니다.

우리가 자신의 기록 자료철을 앞에 놓고 앉아서 요렇게 기이한 것이 나에게 무엇을 이야기해 줄 수 있겠는가를 곰곰이 생각해 보는 것은 흥미진진한 일이지만 항상 그리 간단치는 않습니다. 실제로 기록 자료철은 어떻게 읽는 거지? 구경하기는 간단한데 살펴보기는 더 어렵군. 살펴보는 기술은 그 자체로 지적 훈련이며 그것은 IDP 작업을 통해서 발달합니다.

사회문화적 관점에서는 심사숙고 과정을 "내적 언어" 곧 내 자신과의 내적 말 또는 대화라고 부릅니다. 유명한 신경학자 올리버 색스Oliver Sacks(1933년생)는 주로 청각장애인의 언어에 관심을 가지고 그의 저서 『목소리 보기』에서 내적 말에 대해서 다음과 같이 기술하였습니다.

"대화는 말과 의식을 내뿜지요. 그러나 그것이 일단 방출된 다음에는 우리는 새 능력으로 '내적 말(내적 언어)'을 개발합니다. 그것은 우리의 지속적 개발과 사고활동을 위해서 필수적인 과정입니다. / … / 우리는 바깥 세상에 노출된 사회적 언어로 대화를 시작합니다. 그러나 그다음에 또 생각하고 자신에게 다가서려면 우리는 독백, 내적 언어로 돌아와야 합니다. 아이가 자기의 개념과 의미를 개발하는 것은 바로 내적 언어를 통해서입니다." Sacks 1998, 74~75쪽

우리는 인용문을 통해서 비고츠키의 2단계 모델을 다시 알게 되

었습니다. 언어와 의식은 사회적 활동으로 시작됩니다. 언어가 잘 풀리면 새로운 능력인 '내적 말'이 발달합니다. 색스가 강조하는 내적 말(내적 언어)이 우리의 자아 형성을 도와준다는 말은 흥미롭고 고무적인 주장입니다. IDP 대담에 앞선 학생의 준비 절차는 책상 위에 무언가를 내놓도록 하기 위한 전제 조건을 만들어 주는 것입니다. 그러나 준비 자체는 분명히 그것보다 더 깊이가 있기 마련입니다. 준비활동은 학생의 사고 행위와 자아의식을 발동시키고 지원해 줍니다. 또한 학생으로 하여금 스스로 어떤 의도와 목적, 개념과 중요성을 인식하고 창의적으로 일하며 사고하는 개인으로 체험하도록 도와줍니다. 그러한 내적 대화는 학생 자신이 의도한 것과 표현 방식 사이에서 움직이는 하나의 놀이도 됩니다. 내적 대화는 학생이 현재의 자아로 참여하는 놀이일 뿐만 아니라 자신의 사고력을 빌려 앞으로 어떻게 될 것인가를 연구하는 놀이도 됩니다. 언어와 사고활동을 통해서 학생은 자아를 표현하고 자아를 형성하게 됩니다.

스웨덴의 연재만화 작가 니나 헤밍손(1971년생)은 한 인터뷰에서 내적 대화에 대해 아주 잘 설명하고 있습니다. "어려운" 책들이 그녀에게 언어를 습득하는 데 도움을 주었다는 것입니다.

"나는 불가코프Bulgakov를 읽었고 다른 러시아 고전도 많이 읽었지요. 그렇게 해서 새 언어를 얻게 되었고 독서를 이용하는 것이 언어를 습득하는 가장 좋은 방법이라고 생각합니다. 우리는 낱말들에 여러 의미와 시각을 채워 넣고 마침내 그들을 거의 다 파악하게 됩니다." Nina Hemmingsson, 2006

IDP 활동은 다양하고 유익한 학습과정을 분명하게 일깨워 줍니다. 준비과정은 학생들에게 언어 사용과 사고활동을 단련하도록 도와줍니다. 멘토와의 대화 시간은 학생들에게 자기의 언어와 생각을 갖추고 들어오도록 하는 연습의 기회를 제공합니다. 연습하고 들어오는 이 두 가지 학습과정은 모든 과목에서 학습활동의 중심부를 구성하며 앞서 지적한 대로 학생들로 하여금 "무언가를 책상 위에 쉽게 내놓도록" 도와줍니다.

학생이 책상 위에 올려놓은 것은 자기 자신의 표현 자체입니다. 그다음에 책상에 올린 자료에 다시 언어와 생각으로 보충을 하게 되면 그는 실제로 자기의 능력 속에 자리 잡게 됩니다. 말하자면 자기 관심의 중심에 서게 되며 이것을 우리는 동기유발이라고 부릅니다. 동기유발은 우리의 내부에 있는 어둠침침한 대상이 아니고 내자신과의 내적 대화 과정에서 나타나는 현상입니다. 그것은 다시다른 사람과의 대화를 통해서 방출되며 멘토와의 대담 시에 또다시나타납니다. 이렇게 해서 많은 대화가 계속 진행됩니다.

그렇다면 자기 자신과의 내적 대화를 하려고 할 때, 즉 IDP 대담의 준비과정은 어떻게 진행해 나가야 할까요?

제1단계-원재료 준비

내 자신과의 내적 대화는 다른 사람과의 외부적 대화가 이뤄진 이후에 오는 것이므로 학생은 아주 최근에 있었던 대화를 확보하여 필요시 반복해서 기억할 수 있는 자료를 준비해 두는 게 아주 중요합니다. 즉 '선생님이 말한 것이 무엇이었지?', '그때 나는 무어라고 응대했었더라?', '내 친구는 무어라고 말했지? 그리고 선생님은?', '그다음에 우리는 무엇을 했지? 우리는 어디에 있었고?'

내적 대화는 무엇보다도 시나리오(대본)를 연출하는 작업입니다. 이것이 바로 몇몇 학생은 왜 학업을 성공적으로 이끌어 가느냐를 설명해 주는 대목입니다. 그들은 기억해 낼 수 있는 대본을 가지고 있습니다. 그들은 실제로 여러 대인관계와 활동에 관계하고 참여했습니다. 그리하여 사회적으로 제공되는 다양한 지식에 접근할 수 있었습니다. 그들은 스스로 기억해 내는 체험도 해 보았습니다. 자기를 비춰 보는 원재료도 확보해 놓았습니다("대화는 말문을 터놓게 합니다").

원재료가 없으면 자신에 대한 반영은 성립될 수가 없습니다. 우리는 어떤 대상 앞에서 스스로를 비춰 보게 됩니다. (결석으로 인해서) 그런 대본이 없는 학생에게 반영이라는 작용은 텅 비고 쓸모없는 짓거리에 불과합니다. 성공적인 학생들이 실제로 어떻게 대본을 손에 쥐는 능력을 개발했는가에 대한 근거는 매우 명백합니다. 그들은 교사에게 질문하고 친구들에게 물어보고 교사의 설명을 되풀이해 보고 교실 안에서 일어난 언어적, 비언어적 대화를 모두 따라가고 참여도 해 보았습니다. 때때로 나는 이러한 원재료를 버섯 바구니에 비유해 보았습니다.

버섯에 대해 배우는 가장 좋은 방법은 바구니를 들고 숲 속에 들어가서 버섯으로 여겨지는 것을 따 담는 것입니다. 그다음에는 가득 채운 바구니를 들고 균류학자(멘토)에게 가서 그와 함께 바구니를 뒤적이며 무엇이 버섯이고 아닌지를 가려내기 시작합니다. 이제 다양한 버섯들의 이름이 무엇인지를 알아보는 것은 교육적이며 즐거운 일이 됩니다. 텅 빈 버섯 바구니를 들고 앉아 있는 반대의 경우를 생각해 보세요. 성공을 거두는 학생들은 버섯이 가득 찬 바구니를 들고 있지요. 비록 바구니에 담긴 것들이 언제나 진짜 버섯은 아닐지라도. 좀 성공적이 못한 학생들은 빈 바구니를 들고 있지요. 그러니 원재료는 성공의 어머니입니다.

제2단계-중얼거림

앉은 자세로 내 자신과 조용히 이야기해 보는 것은 이미 지적한 대로 내 자신을 발견한 하나의 아름다운 예술 행태입니다. 한데 그런 행태는 아름답지만 그리 쉽게 되지는 않습니다. 그러므로 추가로 한 단계가 더 있다는 게 조그만 위로가 됩니다(외부적 대화-버섯 따기는 첫 번째 단계에 속함). 그것은 내 자신과 벌이는 높은 수준의 대화입니다. 자신에게 큰 소리로 말하거나 중얼거림은 사회적으로 전수된 지식을 받아들이기 시작한다는 어떤 징후를 나타내는 것입니다. 유치원에서는 이런 것을 보고 듣는 현상이 매우 뚜렷합니다. 사회적 활동에 참여하여 무언가를 새로 배우고 있는 아이는 다른 애들과 크게 말할 뿐만 아니라 자기 자신에게도 큰 소리로 말합니다. 이러한 예술 행태는 모두에게 바람직한 것입니다. 그래서 나는 종종 학생들에게 이야기합니다. "말을 입에 붙이고 낱말들을 말해라. 그러면 그다음에 그것을 머릿속에 넣기가 더 쉬워진다."

내가 아직도 이해하지 못한 다른 사람이 사용한 말과 생각을 스스로 발음해 보고 들어 보는 것은 흉내를 내는 행위입니다(낱말이 어떻게 개념 발달에 선행하는가에 대해서는 다시 언급하겠습니다). 비고츠키는 흉내가 되면 배움도 이뤄지고 반대로 흉내가 안 되면 배움도 이뤄지지 않는다고 하였습니다. 그러므로 교사는 실제에서 학생들에게 다음과 같이 당당하게 독려할 수가 있습니다. "자, 이제 내 설명과 우리의 대화가 끝났으니 운동장에 나가서 한 바퀴 돌면서 너희들의 입가에 도는 것을 큰 소리로 말해 봐. 낱말과 문장을 반복해 봐. 비록 너희들이 스스로 하는 말을 이해하지 못할지라도 말이야."

제3단계-침묵의 대화=생각하기

이제까지의 학습 방식은 우리가 귀로 듣는 활동이었습니다. 그런데 제3단계 학습 방식은 "마침내 교실이 조용해지는 것입니다." 침묵의 내적 대화는 우리 인간이 활용할 수 있는 또 다른 차원의 언어적 표현 형식입니다. 인간에게는 수많은 언어들이 존재합니다. 침묵의 내적 언어에서도 낱말 자체는 중요합니다. 그것은 낱말이 두 가지 기능을 가지고 있어서 하나는 사람들 사이의 통신을 쉽게 하고 다른 하나는 개념 설정의 도구로 쓰이기 때문입니다.

내적 대화 시에는 후자의 기능이 큰 역할을 하지요.

낱말들은 그 자체로 어떤 의미를 가지고 있기에 내적 대화에서 중요한 구실을 합니다. 곧 낱말에는 의미가 있습니다. 그것은 실험실의 문을 여는 열쇠와 비슷하여 그 안에서 학생은 낱말과 그것의 의미를 가지고 놀 수 있기 때문입니다. 낱말은 학생이 자신의 두뇌가 더 높은 단계로 작동하도록 사용하는 일종의 도구이기도 합니다. 낱말은 에너지를 제공하고 생각을 끌어들이고 생각을 일깨우며 생각의 길을 터 줍니다.

낱말이 이와 같이 자유로운 기능을 가진 것은 그 안에 저장된 깊은 지식을 담고 있기 때문이지요. 낱말은 말하자면 바깥세상의 한 가지 사물을 가리킬 뿐 아니라 그 낱말의 의미가 내포하고 있는 모든 영역에 두루 적용되기 때문입니다. 낱말의 도움(비고츠키의 말을 빌리면 낱말-의미 관계)으로 "소나무"를 생각하는 사람은 정원에 서 있는 특정한 소나무 하나만을 가리키지 않고 "소나무"의 개념에 해당하는 "모든 소나무"를 생각하게 됩니다. 그래서 낱말은 개념을 설정하는 도구가 된다고 합니다.

낱말은 나아가 개념의 상징도 되어서 내적인 사고활동이 생각의 대상이 아닌 생각의 자료를 얻게 되는 것은 이들 상징의 도움 덕분입니다. 낱말은 또한 의식을 구조화하기도 합니다. 그것은 마치 주형이나 건축물의 받침대 같아서 사고하는 개인이 사막의 벌판이 아닌 폭넓은 관계의 틀 안에서 반응하도록 도와줍니다. 낱말은 사고의 방향을 제시합니다. 생각하는 사람이 낱말들을 가지고 하는 일은 처음에는 완전히 이해하지 못해도 그 낱말들에 여러 의미와 관점을 충전하여 결국은 "그 낱말들을 거의 파악하게 됩니다"Hemmingsson.

낱말은 다시 말해 개념에 선행하는 것입니다. 우리는 대개 처음에는 낱말을 이해하지 못하지만 몇 번 반복 사용한 후에는 다양한 맥락 속에서 그 낱말을 보고 듣고 하면서 개념을 파악하게 됩니다.

낱말과 생각이 맨 먼저 떠오른다는 것이 비고츠키의 사회문화이론의 핵심입니다. 그것은 상호작용과 문화의 능력에 힘입어 우리가 할 수 없는 것을 하도록 만들고 파악할 수 있게 하니 우리에겐 위안거리가 됩니다. 낱말은 바로 문화입니다. 우리는 두뇌를 자기의 기본 능력보다 더 많이 활용할 수 있습니다. 그것은 우리가 이해하기 어렵고 부서지기 쉽고 때로는 도전적으로 다가오는 다른 사람들과 도구들, 그리고 낱말과 같은 다른 요인들과의 통합을 통해서 가능해지는 것입니다.

이와 같은 "차용 과정"이 성립되려면 학생은 세심하게 낱말에 집착해야 하며 이에 못지않게 학생에게 동승(함께 타기)을 허용하는 상호작용에도 집중하지 않으면 안 됩니다. 학생이 낱말을 가지고 작업하려면 주의가 필요하고 그 작업은 또한 집중력을 떠받쳐 줍니다. 학생은 행동하기 전에 생각하는 연습을 해야만 합니다. 주의집중에 문제가 있는 학생은 낱말의 도움을 받아 구성된 내적 대화를 통해 주의를 집중시켜 나가는 연습을 해야 합니다. 이와 같은 조건부 주의집중을 위한 연습과정에서 학생은 낱말 속의 몇몇 대표적 사례를 구별한 다음에 전형적인 특징들을 추상하여 하나의 상징성을 만들어 내는 것입니다. 즉 주의집중-분별하기-상징화의 과정을 거치는 것이지요. 그다음에 그 낱말은 학생이 이 상징성을 받아들임으로써 어떤 생각의 대상이 되는 것입니다. 말하자면 저 밖에 서 있는 나무는 "소나무"라 부르고 "트랙터"라고 하지 않는다는 것을 받아들이는 것입니다. 이렇게 하여 내적 대화가 쓰이게 되고 낱말과 자기의 관계가 발전해 가는 것입니다. 그런데 그 수행과정이 전혀 간단치가 않아요. 어느 연습 단계치고 힘들지 않은 게 없지요. 그래서 이 과정을 훈련하는 것이 중요합니다. 학교의 훈련장은 학생들이 현명하게 사고하는 사람이 되도록 도와줍니다.

개인별 발달계획(IDP)의 6번째 퍼즐 조각은 아주 긴요한 학습활동에 속합니다. 학생들의 훈련은 숙련도를 높여 주며 생각하는 연습(낱말의 도움을 받아 침묵 속에서 자신과의 내적 대화를 나누는 연습)을 많이 할수록 그들은 어떤 사물에 대해 한 번 더 생각해 보고, 다시 생각해 보고, 깊이 생각하는 데에 익숙해질 것입니다. 그리고 그에 대한 보상도 커집니다. 낱말과 의미가 궁극적으로 합쳐질 때 학생은 현재의 경험적 경계선을 넘어서 더 멀리 나갈 수 있게 됩니다. 학생은 낱말들을 가지고 자유롭게 놀 수 있으니 공간과 시간과 자신의 경계를 넘어서게 됩니다. 낱말은 자기 자신과의 깊고 친밀한 상호작용 활동에 필요한 도구이며 새 영역을 향한 도약대가 됩니다. 그러므로 학생은 낱말을 익혀야 됩니다.

제4단계-읽고 쓰기

인간은 말하자면 여러 가지 방식으로 말하고 생각할 수 있습니다 (이야기를 주고받고 중얼거리며 혼자서 조용히 말하기도 합니다). 말하고 생각하는 방법에 추가되는 또 다른 두 가지 방식은 읽고 쓰는 것입니다. 읽기와 쓰기는 의미 분야와 사회적 측면을 제외하면 학생이 말하고 생각하기를 배워서 스스로 내적 대화를 수행해 가는 데에 비할 수 없는 좋은 연습 기회가 됩니다.

읽기와 쓰기는 순서는 반대이지만 사실은 동일한 것입니다. 읽기에서 독자는 부분에서 전체로 나가고, 쓰기에서 필자는 전체에서 부분으로 나갑니다. 내가 보기에는 쓰기 활동은 내적 대화에서 유난히 흥미로운 활동인데, 그 이유는 글을 쓰는 이에게 자기 생각을 새롭게, 조용히, 천천히 표현하도록 유도하기 때문입니다. 글 쓰는 이는 생각하기 시작합니다. 내가 무엇을 어떻게 표현하지? 쓰기 활동은 글 쓰는 이에게 언어의 형태, 즉 음소, 자소, 통사, 운율, 의미에 대해 세심한 주의를 기울이도록 요구합니다. 쓰기 작업은 사실상 사고를 위한 진지한 훈련장이 됩니다. 그것이 시간이 오래 걸리는 활동이란 점은 학교가 이 부문에 시간을 많이 배정할 필요가 있음을 암시하는 것이라 하겠습니다.

IDP 작업의 6번째 퍼즐 조각은 다시 말해서 사고활동, 개념 설정,

메타 인지 과정, 주의집중, 정숙 등의 부문에 유익한 사항들입니다. 그것은 모든 지식 발달에 도움이 되며 IDP와 특정한 맥락에서 학생으로 하여금 심화된 질문을 끌어내도록 도와줍니다. 그 이유는 내적 작업이 학생 자신에게 계속해서 다음과 같은 질문을 던지기 때문입니다. "나는 이것을 이해하고 있는가? 나는 이것을 무엇에 연관 지으려고 하는가? 어째서 그렇지? 이것은 저것과 무슨 관계가 있지? 그것은 왜 그렇게 부르지? 내게는 그것이 재미있게 보이는가? 그것이 내게 주는 것은 무엇인가? 나는 그것에 무슨 의미를 부여하는가? 나는 이것을 어떻게 생각하는가? 무엇이 어려운가? 쉬운 것은?" 학생이 IDP 대담에서 멘토와 마주 앉아 대담에 도움이 되는 여러 질문들을 만들어 낼 수 있는 원동력은 바로 이와 같은 상상들에서 나오는 것입니다. 그 조그만 나뭇조각이 하나의 심화된 질문으로 바뀐 것입니다.

발달영역으로 초대하기
-IDP에 앞서 멘토의 준비 사항에 대하여

발달영역은 무엇인가?

이 책에서 나는 발달영역에 대해서 [할 수 없다-할 수 있다]의 개념을 빌려 설명하였습니다. [ ] 괄호가 제시하고자 하는 바는 발달영역이 하나의 단위를 이루는 곳에서는 연령 혼합반을 편성하여도 형제자매 간에 틈이 벌어질 위험이 없다는 것입니다. 발달영역 안에서 한 학생은 다른 학생이 할 수 없는 것을 할 수 있기에 그들은 상호 의존관계를 맺게 됩니다. 한 학생이 어떤 관계나 맥락 속에 적극적으로 끼어들면서 동시에 최신형 도구나 언어의 지원을 받게 되면 하나의 발달영역이 조성되고 거기서 [할 수 없다-할 수 있다]가 한 단위를 구성하여 형제자매가 서로 전제 조건을 만들게 됩니다. 따라서 "할 수 없다"는 학습을 위한 아주 좋은 출발점이지 절대로 결점은 아닙니다. "할 수 없다"는 이것과 관계 지을 "할 수 있다"(교사와 똑똑한 친구들로 대표되는)가 있는 한 전혀 문제가 되지 않는 것입니다.

학교의 기본 구상은 발달영역을 조성해서 학생이 스스로 관찰하는 안목을 갖게 하고, 학생 혼자서는 찾기 힘든 관점을 터득하도록 지원하되 이를 은밀히 진행하는 과제들을 다루는 것입니다. 그러므로 발달영역은 절대로 혼자서 배회하는 지대가 아닙니다. 교육자들의 임무는 학생들을 발달영역으로, 나아가 더 넓은 세계로 이끌어주는 것입니다. 따라서 "할 수 없다"는 학생이 학습의 여행으로 떠나는 승차권이라고 하겠습니다.

본 장에서는 "초대하다"를 중심으로 특별히 이 문제를 고찰해 보고자 합니다. 다만 무엇이 과연 발달영역인가에 대해서 잠시 더 머물러 생각해 보겠습니다. 발달영역에는 항상 [할 수 있다-없다], 조금 덜 발달된 것, 조금 더 앞선 것, 학생의 경험, 교육자의 능력과 같은 요인들이 포함됩니다. 그리고 발달영역 안에서는 학생에게 새로운 차원의 또 다른 세계를 만나서 들어가는 기회가 주어집니다. 새로운 차원이란 학생에게 자기의 구체적 경험들을 더 많이 통찰하게 하는 새 조망점과 산악의 정상점이 되기도 합니다. 여기서 산악의 정상은 추상적이면서도 전체적인 모형으로 학습을 진지하게 바라보도록 도와줍니다. 산을 오르기는 힘든 일입니다. 숨이 차고 땀이 나고 눈에 띄는 오솔길 하나만 내려다보며 한쪽 발 다음에 다른 발을 어떻게 내딛는가를 주시하며 단조롭고 지루하게 걸어갑니다. 그러나 이제 당신은 정상에 올라섰습니다. (사람들이 항상 그러듯이) 당신도 몸을 돌려 일대를 둘러봅니다. 당신이 지금 바라보는 광경은 이전에 그렇게 매달렸던 작은 회색빛 계단이 아닌 다른 모습입니다. 이것이 야말로 방랑의 기쁨이며 발달영역의 동력입니다. 이제 당신 자신이 방랑하는 세상을 바라보게 되는데 전에는 제대로 보지 못했던 세상 입니다. 그러나 그것을 바라보는 순간 당신이 보는 세계가 또한 당신 의 세계임을 알게 됩니다.

방랑은 전망을 동반하게 됩니다. 구체적인 대상과 일반적인 대상 들이 서로 마주칩니다. 한편 전망은 방랑에 의미를 부여합니다. 구 체적인 대상이 일반적인 대상으로 안내를 합니다. 그다음에 구체적 인 대상을 다시 쟁취하게 되는 것은 일반적인 대상을 통해서 가능 한 것입니다. 그러므로 일반적 대상에 무게를 실어 주는 것은 구체 적 대상의 자산이라 하겠습니다. [할 수 없다-할 수 있다]의 관계는 위치상의 단위(변증법적 단위)로 그들은 서로 상대 선수도 되고 동료 선수도 됩니다. 산악의 정상에 익숙한 교사는 창의력을 갖춘 여행 안내자인 동시에 학생의 더 넓은 전망, 즉 지식 발달을 위한 최상의 가치를 지닌 사람입니다. 학교의 용어를 빌려 말하면 산악의 정상이 다루는 주제는 지식과 지식의 목표와 교과과정, 그리고 학습 결과와 같은 사안들입니다.

　작가 레나 안데르손이 2007년 10월 라디오 방송 OBS 프로그램에서 이야기한 내용을 소개합니다. 그녀는 "어려운" 텍스트를 읽는 독해의 중요성에 대해서 설명하고 있는데, 아래에 인용된 독후감을 토대로 인간이 한층 더 넓은 세계에서, 곧 발달영역에서 자기 두뇌를 한 차원 높게 굴리는 기회를 얻게 되면 인간의 사고력이 어느 정도로 풍부해지는가를 아주 훌륭하게 기술하고 있습니다. 레나 안데르손은 미국의 간행물 〈애틀랜틱Atlantic〉지에서 파키스탄과 아프가니스탄의 관계에 대해서 쓴 기사를 읽은 일이 있었습니다.

　　"〈애틀랜틱〉 기사는 두 나라의 관계에 대해 잘 아는 사람들을 위해 쓴 글이지만 경멸조나 겉치레 없이 담담하게 쓴 글이라서 관심이 있는 사람에게 일독을 권하지만 잡지사는 집중해서 읽어 주기를 기대하는 것 같았습니다. / … / 좀 어려운 이런 글을 읽는 것은 꽤 힘든 일입니다. 하지만 한번 훑고 지나가도 열 배 정도로 얻는 것이 많아집니다. 우리가 평소 모르고 있던 사실에 대해 약간 알게 되어 짐작하는 것만으로도 교육 현장에서 알고 이해하는 것 못지않은 획기적인 소득이 됩니다. 그 과정에서 우리의 지각에 무엇인가가 작동하고 확장되어 가는 것입니다. 여기서는 파키스탄이 좀 더 가까이 다가옵니다.

기사 속에서 따라잡지 못했던 부분이 물방울처럼 틈 사이로 똑똑 떨어져 나와 지식과 형상으로 자리매김하는 것입니다. 미처 의식도 하기 전에 나는 갑자기 그 지역의 분쟁에 대해 더 많이 이해하게 되었습니다. 그리고 젊은 파키스탄 장교가 언제든지 연합군에게서 등을 돌릴 수 있는 미국의 명령을 받고 아프가니스탄에서 전투를 시작하기에 앞서 과연 무슨 생각을 하겠는가 하는 문제에 대해서도 일정한 느낌을 갖게 되었습니다. 이 부분에서 미국이 연합군을 조직할 때 얼마나 복잡한 역사적, 심리적 관계를 고려해야 하는가라는 문제도 엿볼 수 있게 됩니다."

학생이 멘토와 함께 발달영역으로 진입하게 되는 열쇠는 바로 주위에서 환영받고 스스로 집중하며 인식의 증대와 더불어 틈 사이로 똑똑 떨어지는 쉽지 않은 논쟁과 같은 그런 부분이라고 하겠습니다.

지식의 목표

지난 몇 년간 진행된 IDP 작업과 병행하여 지식과 평가, 교과과정 목표와 성적 등에 대해서 집중적인 토론이 진행되었습니다. 토론은 이론적 유연성과 활력을 담고 있어 그 의의가 중대했습니다. IDP

의 목적이 학생의 지식 발달을 가시화하도록 돕는 것이었고 서로 연관 지을 대상이 있으면 진전을 관찰하기가 더 쉽기에 토론은 주로 목표, 즉 지식의 목표와 관련된 주제를 취급해 왔습니다. 이에 대한 의의는 이미 논의된 바 있지만 자명한 것 같습니다. 미리 제시된 지식의 목표는 학습활동에서 창의성을 파괴할 위험이 있다고 주장하는 이들도 있습니다. 나의 주장은 교과과정을 겨냥한 학생의 목표 달성은 IDP 작업에서 하나의 훌륭한 참조 틀이 된다는 것입니다. 하지만 학습과정과 학습 결과가 단순한 직선적 관계로 기술될 수 없다는 점에는 물론 동의합니다.

사실 학습과정과 학습 결과 사이의 관계는 복잡합니다. 도대체 지식이라는 게 무엇을 의미하는 것입니까? 할 수 있다는 게 무엇인가요? 학생은 무엇을 할 수 있나요? 저 학생은 그것을 할 수 있다고 우리는 언제 말할 수 있을까요? 그렇습니다. 이런 것들이 우리 스스로에게 던지는 몇 가지 질문으로 이전에도 이미 제기되었던 과제입니다. 이들은 "지식의 나무"가 도대체 어떤 종류의 나무인가를 묻는 수천 년간의 담론에 속하는 문제들이기도 합니다. 질문은 다양하고 우리는 이와 관련된 많은 낱말과 명칭을 사용하고 있습니다. 자료지식, 숙달, 수행 능력, 식견, 의미, 인식 능력, 메타 인지 능력, 심층지식, 표층지식, 암묵적 지식, 신뢰성 지식, 본유 능력 등등. 우리들은 담론 속에서 알건 모르건 간에 데모크리토스, 소크라테스, 아리스

토텔레스, 데카르트, 로크, 스피노자, 헤겔, 마르크스, 비트겐슈타인 등과 합류하였습니다. 이분들은 지식이 도대체 무엇인가를 놓고 심사숙고했던 철학자들 가운데 몇 사람입니다. 그들에 관한 담론 자체는 흥미로운 일이지만 이런 유형의 대화가 멘토와 학생 사이의 대담에 어떻게 유용하게 쓰일 수 있을까요?

형성 평가(Formativ bedömning)

현재 진행 중인 지식과 평가에 관한 토론에서 나는 "형성 평가"라는 개념이 IDP와 관련하여 아주 유효하다는 사실을 알게 되었습니다. 왜냐하면 그것이 실질적인 교육학상의 목적을 가지고 있다는 연유에서입니다. 형성 평가는 일단 수립된 목표에 일치시켜 학생들에게 영향력을 행사하고 있습니다. 형성 평가 중에는 내포된 낙관주의도 있는데, 그것은 "완전히 배워서 수업의 목표로 내세운 지식과 숙련도에 도달하기 전에는 포기하지 않는다"라는 점입니다.Korp, 2003, 79쪽 이들 형성 평가 방식은 어른들에게만 부여된 기준 표는 아닙니다. 평가는 멘토와 학생이 참석한 모임에서 이뤄져야 하며 학습 발달은 어떻게 진행되며 어떤 방식으로 한 단계 더 진전시킬 수 있는가를 함께 숙고해야 합니다. 형성 평가에서는 학생이 자신의 학습 진행과정을 살펴볼 기회가 주어지고 주요 지식 목표(산악의 정상)가 학생으로 하여금 자신의 학습 자세를 관찰하고 공부하는 능력을 개발하도록 도와줍니다(위와 비교하면 "구체적인 대상이 일반적인 대상을 이끌어 가며 구체적인 대상은 다시 일반적인 대상을 통해서 쟁취됩니다").

내가 주장하는 것은 형성 평가의 내용에는 멘토와 학생 간의 모임도 포함되며 이런 모임을 통하여 학습활동에 영향을 미치는 기회를 만들어 간다는 것입니다. 그러니 자동차 검사와 같은 일은 전혀 일어나지 않고 학습의 기회가 있을 뿐입니다. 내 생각으로는 지식의 목표와 학습은 한 가지 방식에서 서로 연관되어 있는데 거기서는 학습이 목표 도달을 위한 일방적이고 단선적 수단이 아닙니다. 목표는 학습활동 속에서 일어나는 수단과 영감이 됩니다. 목표는 또한 결과만이 아니라 결과와 수단 양쪽 모두를 포함합니다. 마지막으로 구성적 평가들이 암시하는 바는 인식 능력이란 지능지수(IQ)나 난해한 표준치에 묶인 통계상의 수치가 아니고 발달해 가는 어떤 대상이란 점을 강조하고자 합니다. 그렇지 않으면 학습과정의 모든 단계는 무의미하기 때문입니다.

4가지 주요 지식

우리의 교육과정에 있는 다면적인 지식 개념, 즉 사례 중심 지식, 이해 중심 지식, 숙달 능력, 신뢰 중심 지식 등을 IDP 작업에도 사용할 수 있다는 게 나의 주장입니다. 지식은 다양한 방법으로 습득되고 표현될 수 있습니다. 다양한 방법들은 상호 간에 보조 역할을 하지만 엄격히 구별되지는 않습니다.

이들 양대 주춧돌(형성 평가와 4개 주요 지식)은 인간 발달 측면에서 보면 사회문화적, 역사적 관점에서 동일 선상에 놓여 있습니다. 인간은 "자연에서 태어나 일하며 자기의 두 손, 자아의식, 환상과의 협동 속에서 또 동년배와의 연대 속에서 자신의 인성을 형성해 나가는 것입니다."Fischer, 1971, 34~35쪽 다시 말해서 두 손과 자아의식, 환상과 공동체 정신과의 협동을 말합니다.

멘토는 형성 평가와 교육과정의 여러 가지 지식 개념을 배경으로 우리의 교과과정에 제시된 지식 목표를 향해서 기능적이며 창의적으로 또한 전향적으로 대처해 나갈 수 있습니다.

달리 표현하면 IDP 대담에 앞서 멘토에게는 좋은 여건이 조성되어 있는 셈입니다. 즉 멘토는 이제 발달영역으로 초대할 준비가 되어 있습니다.

발달영역으로 초대하기

학생은 자기와의 내적 대화를 통해서 공부해 가며 자기 자신의 심화된 질문을 찾아갑니다. 멘토는 학생을 발달영역으로 초대할 준비를 하고 있습니다.

멘토의 준비 자세

IDP(개인별 발달계획) 작업은 학생과 멘토가 다 함께 발전적 단계를 찾아가는 모임을 주관하는 일입니다. 비고츠키의 발달영역에 관한 이론은 발전적 단계를 취급하고 있기 때문에 멘토의 준비활동에 영감을 줄 수 있습니다. 그러므로 멘토는 다음과 같은 사항에 유의할 것을 권고합니다.

첫째로 당신의 학생은 실제 역량보다 훨씬 더 우월하게 반응할 수 있다는 것을 잊지 마세요. 그리고 할 수 없는 것도 할 수 있고, 그렇게 보지 않았는데 그런 모습으로 보일 수도 있습니다. 당신 자신은 학생에게 지식과 희망과 학습 동기를 빌려주는 없어서는 안 될 유능한 친구라는 점도 잊어서는 안 됩니다. 또 당신의 학생은 기발한 인공품(도구와 어휘)의 도움으로 한 단계 더 높은 차원에서 반응을 보일 수 있다는 점도 기억해 두세요. 이러한 차용 과정이 인간 특유의 모방 능력 덕분에 작동하고 있다는 점도 아울러 기억해 두세요.

또한 모방과 학습이 가능한 곳에서 학생은 당신을 모방하게 된다는 점도 기억하세요. IDP 대담은 당신이 멘토의 자격으로 차용 과정과 모방(반사신경이라 할 수도 있음)이 자유로이 작동하도록 허용하는 수많은 기회 중에 하나가 될 것입니다.

둘째로 당신의 학생은 능력이 되고 그렇기 때문에 앞에 나서서 새롭고 좀 더 발전된 방식으로 반응을 보일 수 있다는 기본 인식에서 출발하기 바랍니다.

셋째로 당신은 학생에게 새로운 세계를 열어 줄 기회를 가지고 있다는 점에 유의하고 그 기회를 활용하도록 하세요. 그리고 이 넓은 세상살이에서 어휘와 개념이 얼마나 중요한 요인으로 작용하는지도 유념하기 바랍니다. 대화를 나누는 도중에 당신은 학생 스스로 찾아내기 어려운 새로운 목표상, 방법, 어휘, 개념 등을 사용할 수 있는 기회를 제공해야 합니다. "당신은 생명을 일깨우고 활력을 불어넣어 주고 일련의 내적 발달과정을 작동하게 만들어 주는 중요한 인물입니다."비고츠키, 1999, 274쪽 당신의 자극과 유인 없이는 이런 과정은 발생하지 않는 것입니다. 이상 세 가지 요인을 항상 염두에 두고 있을 때 당신은 자신의 에너지로부터 해방됩니다. 나아가 당신은 유능한 친구가 될 권리를 가지게 되며 그때 당신은 신선한 기대를 멋지게 안고 학생을 만날 수 있습니다.

넷째로 IDP 대담은 교과과정 목표를 활용하고 있다는 사실에 주목해야 합니다. 당신은 자신을 포함하여 작업팀이나 학교가 관심을 보이는 교과과정 목표의 몇 가지 부문에 집중하여 준비를 해야 합니다.

최근 수년 동안에 스웨덴의 교사들은 실제로 지식과 평가, 교과과정과 목표에 관련된 문제들을 심도 있게 다뤄 왔습니다. 많은 학교에서 학습의 진척도를 기술하는 창의적, 기능적 개관표나 계획표, 지도, 모형母型 등을 제작하였습니다. 두 가지 사례가 있는데, 하나는 할름스타드Halmstad시의 "아동 청소년부"에서 "1~16세까지의 아동 청소년을 위한 지식의 나무"에 대해 매우 개괄적인 책을 써낸 것입니다. 또 하나는 학교 발전 담당 기관에서 펴낸 학교 교과목에 필요한 아주 우수한 보조 자료집 "지식, 공부 방법, 평가에 관한 대담 안내" 책자입니다.MSU, 2007 이 두 권의 안내 책자들은 멘토들과 작업팀이 IDP 대담을 앞두고 준비하는 과정에서 아주 유용하고 비할 데 없이 귀중한 자료입니다. 이들 안내 자료를 통하여 멘토들과 작업팀은 그들 앞에 놓인 다음 단계와 산악정상에서 무엇을 다룰 것인가를 찾아보고 출발점을 알게 됩니다. 이들 안내 자료들은 곧 발달영역에서 길잡이가 됩니다.

안내 자료들은 아주 훌륭할 뿐만 아니라 바로 옆에 있기도 합니다. 그래서 나는 그것을 복사할 필요 없이 IDP의 본령인 사회적 활동을 기술하는 데만 계속 집중할 수 있게 되었는데 그것이 바로 이 책의 특정한 목적이기도 합니다. 이제부터 대담을 앞둔 멘토의 준비 사항을 검토해 보겠습니다.

지속적인 준비 자세

안내 자료와 교과과정을 부지런히 검토한 뒤에 이제부터 멘토는 선정된 한 과목의 영역 내에서 발달단계를 어떤 방식으로 기술하고 설명할 것인가를 생각해 봅니다. 이런 일은 교사의 직업정신을 고무하는 즐거운 작업에 속합니다. 멘토가 이 일을 부지런히 하는 한편으로 학생은 나름대로 이곳저곳 열심히 찾아다니며 자신의 버섯 바구니를 채우며 선택한 과목에서 자기 활동을 이리저리 궁리하겠지 하면서 제자의 모습을 떠올리는 것도 기분 좋은 일입니다. 멘토가 지금 준비하고 있는 자극제는 머지않아 학생의 여러 가지 생각을 불러오게 할 것입니다. 교사가 자기의 담론 속에 들어온 학생을 만난다는 것은 흥미진진한 일입니다. 아무런 준비 없이 빈손으로 온 학생과 만날 때와 비교하면 더욱 그렇습니다.

멘토의 자극제는 학생의 학습활동을 보완해 주고 멘토의 어휘는 이내 학생의 어휘와 합류하게 됩니다. 발달영역에서 뛰어가는 지점은 사회적인 활동으로 두 가지 활동 사이의 만남의 장소가 됩니다. 한편 행동과 말은 성격이 좀 다른 것이지만 발달을 도모해 간다는 공통된 의욕 앞에서 하나로 합쳐집니다. 학생과 멘토가 마련하는 각기 다른 준비 사항은 새로운 의견을 함께 만들어 내는 두 가지 다른 목소리라고 할 수 있습니다.

설령 학생의 목소리가 좌절 또는 행복감에 싸여 있다 한들 그것은 사실상 그리 큰 문제가 안 됩니다. 학생에게서 나오는 호기심에 찬 성급한 질문은 피상적이면서 득의만만한 질문에 비하면 훨씬 더 큰 발달 잠재력을 내포하고 있는 것입니다. 실컷 먹은 날이 제일 좋은 날은 절대로 아니니까요.

학생은 자신과의 대화를 통해서 멘토의 도움을 받아들이는 열린 자세를 만들어 갑니다. 그것은 조개가 열릴 때 모래알이 끼어드는 것과 마찬가지로 학생의 대화 속에 멘토가 방문하는 것은 발달을 촉진하는 모래알에 비유할 수 있습니다.

자극을 제시하는 방법

멘토가 제공하는 모래알은 하나의 자극제가 됩니다. 그것은 새 지식이나 새로운 시각도 될 수 있고 새 질문이나 흥미로운 요약문이 될 수도 있습니다. 또 이해가 되는 맥락, 참신한 낱말, 창의적인 연상, 예기치 못한 뉘앙스도 될 수 있겠지요. 멘토는 안내 자료와 교과계획표를 이용하여 창의적인 설문 작성이나 학생이 다음 단계에서 알고 유용하게 쓸 훈련 영역의 사례와 힌트 같은 것을 찾아내기도 합니다. 그리고 자극의 제시 행위 자체는 다음 단계로 연결되는 지렛대가 됩니다. 자극의 제시는 학생이 이미 올라선 구체적 단계보다 더욱더 많은 부분을 포착해 볼 수 있는 하나의 전망대가 되기도 합니다. 여기서 구체적 단계는 학생이 버섯바구니에 담아 넣고 있는 자료를 말합니다. 구체적인 자료가 눈에 보이고 그것이 다시 내 차지가 되는 것은 바로 멘토의 제시 행위를 통해서입니다. 나는 이 활동을 제시 행위라고 하여 이를 강조하고자 합니다. 인쇄된 교과과정을 책상 위에 올려놓는 것만으로는 충분하지 않습니다.

다시 말해 학생은 교과과정 하나만 가지고 소통하지 않습니다. 학생은 교과과정에 대한 멘토의 생각과 구상만 가지고 소통하는 것도 아닙니다. 학생은 멘토와 의사소통을 합니다. 우리는 어떤 다른 사람의 생각이나 상상을 통하여 소통하지 않고 한 개인과 직접 소통합니다. 이것이 바로 비고츠키가 자신의 2단계 모델에서 설명하고 있는 것입니다. 즉 아이는 한 가지 사물에 대해서 두 번 배우게 되는데 처음에는 사회적 활동으로서, 그다음에는 내적 활동으로서 배웁니다. 발달영역은 언제나 사람들 사이에서 일어나는 상호작용의 범위에 속합니다. 멘토는 단순한 중계 행위로 지식을 전달하지 않습니다. 우리는 지식을 전달할 수 없으며 단지 서로 소통할 수 있을 뿐입니다. 그리고 이 소통 속에 지식이 담겨 있는 것입니다. 이런 주장은 학구적 논쟁거리처럼 들릴지 모르나 실제는 인간 사이에 일어나는 자연스러운 현상의 하나입니다. 그러면 어떤 사람이 조언과 자극에 적절히 대처해 나갈까요? 그렇습니다. 학생 중에서도 자기와 멘토 사이에 진정한 소통을 경험한 학생만이 그 일을 해낼 수 있는 것입니다. 그리고 학생이 특히 민감하게 반응하는 경우는 멘토가 "너는 해낼 수 있고 그래서 한 단계 더 나갈 수 있다"고 하는 좌우명을 충실히 따를 때라고 하겠습니다. 이와 같은 적극적 기대에 둔감한 학생은 가장 아름다운 목표상目標像도 갖추지 못하게 됩니다.

그리고 (나는 정말 당신의 일부라도 차지하고 싶다는) 그런 모방이 있는 곳에 학습 행위도 가능한 것입니다. 이 경우는 앞으로 다가올 단계를 주시하는 방법을 배우는 것, 즉 멘토의 자극 제시에 적절히 대응하는 방법이 되겠습니다.

자극 제시 때 멘토가 유의해야 할 사항

- 학생 스스로 준비하도록 도와주세요.
- 학생이 질문을 하도록 격려하세요.
- 교과과정의 일관된 테마, 즉 안내 준비물을 이용하여 당신의 자극활동을 준비하세요.
- 교과과정의 텍스트를 출발점으로 하여 창의적 문구 구성과 목표상을 만들어 보세요.
- 창의적 문구 구성과 목표상을 찾아내는 데 동료의 도움을

받으세요.

- 자극을 어떻게 제시하고 설명할지에 대해서도 준비하세요.
- 자극 제시는 단순한 지적 활동이 아니고 하나의 설명 방식입니다.
- 자극 제시는 사회적 활동에 속합니다.
- 자극 제시는 자기의 능력과 됨됨이를 내어 주는 행위입니다.
- 훌륭한 자극을 제시하는 이는 기꺼이 내어 주고자 하는 사람입니다.
- 어휘는 관계 속에서 의미를 가집니다.
- 관계를 설정하도록 시도해 보세요.

다음 사항도 아울러 기억해 두세요.

- 자극 제시는 학생의 활동을 위한 차 태워 주기입니다.
- 자극 제시는 학생의 지속적인 활동을 위해 길을 열어 주는 것입니다.
- 새로운 질문을 만들어 가도록 일깨워 주세요.
- 관점, 연관성, 요약을 제시하세요.

대담-발달을 위한 협력

모든 자문 상담에서 제일 중요한 요인은 의뢰인 자신의 문의 사항에 대한 준비 태세입니다. 의뢰인은 자기가 도움을 얻고자 하는 문젯거리를 안고 옵니다. 문젯거리 안에 에너지가 솟구쳐 있고 질문 속에는 에너지와 동기가 자리 잡고 있습니다. 그렇지 않다면 어떻게 자문 상담이 진행될 수 있겠습니까? 마찬가지로 IDP 대담에서도 제일 중요한 요인은 학생의 준비 상태입니다. 곧 자기 학습에 대해서 깊이 있는 문제점을 놓고 스스로 노력한 상태를 말합니다. 그러한 준비 작업을 통해 학생은 기능적으로 문제점을 보유하게 되는 것입니다. 학생이 그렇게 보유한 문제는 모호하지도, 유해하지도 않으며 수치스럽거나 빚을 진 것도 아닙니다. 이른바 기능적 문제 소유 행위는 새롭게 찾아낸 "할 수 없다"에 대한 능력 있는 학생의 용기와 환희에 찬 접근 방식에 비유할 수 있습니다. 그리고 그 기쁨은 멘토와의 만남을 통해서 배가 됩니다.

두 배로 늘어나는 기쁨

대담을 진행하면서 멘토가 가지는 기쁨은 다른 사람을 위해 무언가 의미 있는 일을 하는 데서 오는 만족감에 있지요. 이번에는 한 단계 더 전진할 실마리를 찾아가는 심화된 질문을 가진 학생의 경우가 되겠습니다. 그 학생의 학습 단계는 계속 작동하여 다른 사람의 지원을 요구하게 되는데 멘토가 이에 합당한 사람입니다. 그러므로 멘토가 되는 것은 보람 있는 일입니다.

멘토로서 준비해야 할 사항은 적정 수준의 신선한 자극제를 찾아내고 거기에는 거쳐야 할 여러 단계가 있음을 보여 주며, 그중 한 단계를 택하도록 권유하고 더 넓은 세계로 들어가는 문을 열어 가게끔 이끄는 일 따위가 있습니다. 이러한 준비 사항에 대해서는 앞장에서 이미 다룬 바가 있습니다. 본 장에서는 대담 자체에 대해서 검토해 보고자 합니다. 즉 멘토는 어떻게 하면 학생으로 하여금 자신이 제기한 활동과 질문에 대해 스스로 관찰하고 즐거워하도록 이끌어 갈 수 있는가? 어떻게 하면 학생이 자기 학습에 대해 한 번 더 생각해 보도록 유도할 수 있는가? 또 어떻게 하면 자기 학생이 발달 단계로 한 단계 더 진입하도록 격려할 수 있는가?

협력의 공간

교사 단독으로 진단하고 평가하고 대책을 수립하던 불공평하고 오래된 업무 분담 방식이 IDP 작업에서는 바뀝니다. 학생은 준비가 된 상태로 등교합니다. IDP 대담에서 학생과 멘토는 학습과 발달을 주제로 서로 협력합니다.

심리적 과정은 정황에 영향을 받아 공간에서 일어나는 현상이기 때문에 학교가 IDP 대담을 위해 좋은 장소를 물색하는 데 힘써 주면 편리합니다. 불과 몇 명 사이의 대화에 불편이 없는 장소면 됩니다. 하지만 일상적으로 학습활동에 사용되는 공간을 이용하는 것은 적절하지 않습니다. IDP 대담이 의도했던 대로 상호 간에 반향을 보이는 시간이 되려면 멘토와 학생은 다른 방으로 가야 합니다. 다른 방으로 바꾸는 자체가 의미 있는 일이며 반사적 대화에도 유익합니다. IDP 활동에 사용되는 방은 앞으로 항해를 계속할 수 있도록 계획을 세우는 정거장이요 오아시스입니다. 가다가 길가에 비켜서서 좀 앉아서 쉴 필요도 있겠지요.

대화의 방에는 의자 몇 개와 좀 나직한 책상 하나만 있으면 됩니다. 의자 배치는 서로 마주 앉아 보기에 편리하도록 하면 좋습니다. 책상은 학생이 얹어 놓을 것이 있을 때 필요하지요. 그리고 방에는 적절한 칸막이가 있어서 조용히 앉아 쉴 수 있으면 좋습니다. 다른 작업팀이 그런 방을 나눠 써도 괜찮으니까요.

학생의 기여도에 관심을 보여야

멘토는 이제 학생이 준비한 질문을 받아들일 준비가 되어 있습니다. 우선은 멘토가 학생의 기능적 문제 소유 행위에 담긴 에너지를 확인하고 이에 집중하는 자세를 보여야 합니다. 따라서 멘토는 학생이 만들어 온 질문과 학습활동을 자기 스스로 살펴보고 보람을 느끼도록 도와주는 것입니다. 이때 학생이 무언가 분명한 것을 책상 위에 올려놓으면 좋겠는데 적어 놓은 질문이나 제시할 자료 같은 것이 있으면 적절합니다. 그런 자세는 대화 시에 학생의 중심적 역할을 강화시켜 줍니다. 그리고 디지털 서류가방을 사용한다면 학생이 책상 위에 올려놓은 것은 물론 스크린상에서 다시 볼 수 있게 됩니다. 나 자신은 책상 위에 견고한 물건을 올려놓는 쪽을 선호하는 편입니다.

학생이 멘토를 향하여 "선생님 안녕하세요, 어서 오세요"라고 인사를 건넬 수 있으면 아주 좋습니다. 무언가를 책상 위에 내놓으며 대화의 문을 열어 가는 주체가 학생이기 때문이지요. 문제를 가진 사람이 대화를 먼저 시작하는 게 사리에 맞는 일이지요. 독자들이 여러 번 인지했듯이 나는 이러한 우선순위를 강조합니다. 그 이유는 학생의 기능적 문제 소유 자세를 존중하고 정당화하는 중요성을 강조하기 위해서입니다. 우리는 분명히 학생 자신이 새 학습 단계를 간직하기 바라며 그렇게 되려면 학생이 자기 질문을 갖는 것이 바람직합니다.

그리하여 멘토는 학생의 말을 경청하는 것으로 대담을 시작합니다. 멘토는 학생 측이 기여할 수 있는 부분을 이용해야 합니다. 그런 일은 사실 그리 어려운 것은 아니지만 학생의 이야기 시작을 받쳐 주는 양질의 질문과 의견 제시를 위해서 몇 가지 힌트를 소개합니다.

- 나와 함께 대담에 참여해 줘서 고맙구나.
- 좀 더 이야기해 봐.
- 네 말은 이런 뜻이니?
- 이것은 어렵니?
- 이것은 쉽니?
- 네가 이해 못하는 걸 어떻게 알아차렸지?
- 네가 이해하지 못하는 몇 가지 사례를 더 들어 봐.
- 언제부터 이것이 너에게 문젯거리가 되었니?
- 이것은 너에게 무슨 의미가 있니?
- 네가 이런 어려움에 부딪칠 때면 대체로 어떻게 해결하니?
- 그러면 무슨 일이 일어나지?
- 네 생각에는 그것이 어떻게 해결되면 좋겠니?

위와 같은 질문과 유사한 대화를 활용하여 멘토는 학생의 속내를 이해하려고 힘쓰며 학생으로 하여금 멘토가 진정으로 자기 말을 들어 주고 이해하고자 노력하고 있다는 점을 인식하게 해야 합니다.

대화 중의 첫 국면은 멘토가 그저 학생에게 유용한 사람이지 학생에게 "그 문제는 이렇고, 그것은 이렇게 해결할 수 있다"고 설명하기를 기대하지 않는다는 점입니다. 대화의 초기에는 학생의 학습활동을 확인하고 긍정해 주는 것입니다. 학생이 자신의 학습 행위에 대한 동기를 유지하고 발전시켜 나가기를 바라는 것이지요. 멘토가 학생의 여러 가지 궁리와 의문점들을 긍정적으로 봐 줄 때 학습 동기는 발전해 가는 것입니다. 우리가 다소 신중치 못하게 말하는 "학생의 부실한 동기"는 여러 경우에 학생의 설명과 질의를 멍청하게 듣는 데서 찾을 수 있습니다. 동기는 한 인간의 머릿속에 내재된 특성이 아닙니다. 동기는 관계 속에서 발생하고 사라지기도 합니다.

IDP 대담은 학생의 학습 발달을 다루는 것이므로 대담의 시작은 학생의 생생한 목소리를 통한 이야기가 중심이 되어야 합니다. 우리가 평소에 정확한 학습 평가 기준을 찾고자 애쓰는 노력은 그 자체로 가치 있는 일이지만 평가는 서로 소통해야 되고 거기에는 수신자가 있다는 점을 항상 상기해야 되겠습니다. 그리고 수신자를 얻는 최선의 방법은 수신자가 무언가를 제시하는 행위에서 시작됩니다.

함께 생각하기

학생의 입장에서 자기의 질문이 대화의 중심점에 있고, 멘토 역시 학생의 의사표현을 점점 더 많이 이해하고자 노력하고 있다는 점을 학생이 이해하면 조개껍질은 이미 열리기 시작한 것입니다. 학생은 이제 멘토와 함께 질문을 비틀고 뒤집고 한 번 더 생각하고 다시 생각해 볼 준비가 되어 있는 것입니다. 지도 활동 차원에서 우리는 보통 이를 가리켜 "문제를 요약하고 재구성하는 단계"라고 말합니다. 이제 새로운 유형의 의견이 나올 차례임을 당신도 알아차리게 됩니다. 바로 학생이 당신에게 다음과 같은 질문을 할 때이지요. "무엇을 생각해야 하지요?" "어떻게 해야 하나요?" "저것은 할 수 있는데 이것은 왜 안 되지요?" 이때 멘토는 아래와 같이 의견을 제시할 것입니다.

자, 그러면 이것을 다시 생각해 볼까? 너는 스웨덴 책에서 보았다고 내게 말했지-특히 네가 직접 쓴 구절에서 말이야. 그리고 네가 쓴 것을 다른 친구의 것과 비교도 해 보았고. 네가 한 것을 자세히 들여다보았다니 아주 잘한 일이야. 네 학습활동에 대해서 몇 가지 의문 사항을 가지고 있는 것은 참 좋은 일이지. 또 너의 의문 사항을 나와 함께 상담하는 것도 좋고.

그리고 네 필기장을 몇 권 가져와서 내게 보여 준 것도 참 잘한 일이야. 네 질문 중 하나를 보면 네가 쓰는 철자법에 만족하지 못하고 있는 것 같은데 내가 제대로 이해했는지 모르겠다.

멘토는 이와 같이 자기의 언어로 학생이 말한 것을 요약해 봅니다. 그리고 분명히 스웨덴어 과목에 해당하는 사례에서 철자법에 관한 학생의 발언에 주목합니다. 멘토가 이 사례에 주목하는 것은 학생이 교과과정에 나온 학습 목표를 알아보고 있다는 점과 연관 지을 수 있습니다. 이제 멘토는 철자법에 대한 충고와 조언을 쏟아 내고 싶은 충동을 느끼겠지요. 그러나 조금만 더 기다리세요. 그런 유혹을 자제하도록 해 보세요. 학생이 자기 문제의 실마리를 놓치게 하는 어떤 조치도 해서는 안 됩니다. 만일 학생이 멘토에게 철자법에 관한 문제를 제대로 파악하도록 양해해 주었다면 단 몇 분이라도 그것에 대해 심도 있게 생각해 보세요. 지금 내가 권장하는 조그마한 지연술이 약간은 기이하게 보일지 모르겠으나 내가 경험한 바로는 전문직 교사들은 대체로 너무 일찍 힌트와 조언을 해 주려는 유혹에 빠지기 쉽습니다. 학생과 멘토는 무엇보다도 어떤 문제를 먼저 함께 다룰 것인가에 대해서 완전히 합의를 보는 것이 필요합니다.

예를 들어 만일에 학생과 멘토가 철자법이 함께 생각해 볼 영역이라는 점에 단계적으로 합의하면 그다음에는 이른바 철자법이라고 하는 학습활동을 무엇인가로 확대시켜 나갈 때가 됩니다. 철자법은 언어라는 커다란 영역의 일부에 속합니다. 철자법은 구어체, 독해체, 문어체 언어 등에 여러모로 관련되어 있으며 여러 층위를 가지고 있습니다. 멘토는 학생으로 하여금 철자법에 여러 층위가 있음을 주시하도록 일러 주는 게 중요합니다. 학생은 철자법이 무엇인가에 대해 너무 제한적으로 생각할 수도 있습니다. 멘토는 학습의 공간을 넓혀 가며 폭넓은 선택의 기회를 찾아서 학생을 이끌어 가는 전문적인 길 안내자입니다. 교과과정상의 목표는 하나의 더 넓은 공간이라고 하겠습니다. 이제는 멘토가 학습지도표를 펼쳐 놓고 교과과정은 언어에 대해 무엇을 이야기하고 있는지 보여 줄 때가 된 것 같습니다. 우리가 "일관된 테마" 관점(1~16세)에서 그것을 읽고자 하면 아래와 같은 학습지도상의 그림을 얻게 됩니다.

…을 듣고 설명하고 반추해 보고 자기 의견을 표현해 보세요. 그리고 문어체의 가장 일반적인 규칙 적용 방법도 배우세요. 또 낱말집 사용법을 익히고 철자법의 일반 규칙에도 익숙해지도록 하세요. 나아가 영화 연극의 내용과 표현수단을 평가해 보며 자기 자신과 다른 사람의 언어 사용에 대해서도 관찰해 보고, 인간이 왜 쓰기와 말하기를 달리하는지에 대해서도 이해

의 폭을 넓혀 가며, 언어의 기본 양태와 문법구조에 관한 자신
의 인식을 심화시켜 나가세요.

이와 같은 학습지도상의 그림은 30학기에 해당하는 유치원과 나
머지 학교 과정의 학습 목표들에 포함되어 있기에 물론 여러 가지
다양한 방법으로 제시될 수 있습니다. 어쩌면 이 학습지도의 그림
을 통하여 멘토와 학생은 학생 스스로 철자법 문제에 접근할 수 있
는 방법에 관한 아이디어를 제공할 수 있게 될지도 모릅니다. 학생
과 멘토는 혹시 "낱말집 사용"과 같은 실질적인 일에 붙잡혀 있는지
모릅니다. 그들은 행여 "자신과 다른 사람들의 언어 사용법 관찰"에
얽매여 있는 것은 아닌지요? 아니면 멘토는 작업팀과 협력하여 좀
더 훌륭한 학습지도 그림을 만들어 학생으로 하여금 더 많은 아이
디어를 만들어 내도록 하였는지도 모르지요.

학생과 멘토는 스웨덴어 교과과정에 대해 함께 생각하고 다시 생
각해 보고 착상과 아이디어를 비틀거나 뒤집어 보기도 합니다. IDP
대담은 이런 방식으로 반추하고 분석하고 구성해 보는 사고활동의
훈련 기회가 됩니다. 여기서 멘토의 폭넓은 시야는 새로운 착상과
사고행위가 일어나는 공간을 열어 줍니다. 그렇습니다. 그런 방향으
로 나아가는 길에는 우리가 선택할 수 있는 여러 대안적 단계가 많
이 있습니다.

지금까지 우리는 다음과 같은 단계에 대해서 논의하였습니다.

1. 학생이 무엇인가를 책상 위에 내어 놓는다.

2. 멘토는 학생의 이야기를 듣고 그 일부를 활용한다.

3. 멘토는 학생이 말한 것을 요약하도록 도와준다.

4. 멘토는 학생이 한 영역에만 집중하도록 도와준다.

5. 학생과 멘토는 그 영역을 심화시켜 나간다.

6. 멘토는 그 영역에 대한 이해를 확장해 가며 더 넓은 세계를 제시한다.

7. 학생과 멘토는 새로운 단계를 시험해 보기로 결정한다.

이제부터는 새 단계에 힘을 불어넣을 때가 되었습니다.

그런데 실제의 학습훈련 자체는 IDP(개인별 발달계획) 공간에서 실시되지 않으며 그것은 훈련 장소에서 일어납니다. IDP 대담에서는 훈련을 고무하고 계획을 세우는 일을 하지요. 전에 우리는 사회문화적 이론의 힘을 빌려서 학습훈련을 고무하는 몇 가지 적절한 IDP 질문에 대해 설명한 적이 있습니다.

첫 번째로 다룬 문제는 학습훈련이 상호작용의 영향으로 쉬워진다는 것입니다. 곧 "너는 누구와 함께 이 단계에 들어설 것이냐?" 하는 문제입니다.

두 번째로는 이해 당사자의 학습훈련에 인공품(부정행위 쪽지)을 사용하는 문제를 다루고 있습니다. 즉 "너는 어느 도구를 사용할 것이냐?"에 관계된 것입니다.

세 번째는 학습 행위의 정황적 성격에 대해서 다룬 것으로 "어디서, 어떤 상황에서 이것을 연습할 수 있느냐?" 하는 문제입니다.

네 번째는 학습자의 창의적 성격에 관한 것입니다. "네가 이것을 어떻게 훈련했기에 철자법을 연습한 것은 너 자신이고 철자법이 너를 연습시킨 게 아니라는 점을 알게 되었느냐?" 또 "네 글씨체는 어떻게 생겼느냐? 너 자신의 철자법 연습 방식을 찾아보도록 노력하라"와 같은 문제 제기입니다.

이제 마무리 단계에서 강조하고 싶은 점은 멘토와 학생이 합의한 연습 방안이 구체적이면서 실제로 학습 행위를 고무해야 된다는 것입니다. 왜냐하면 학습 행위 자체가 성공을 거둔 학생의 가장 뚜렷한 징표가 되기 때문입니다. 자, 이제 훈련장(연습장)으로 찾아갈 차례가 왔습니다.

학습활동의 훈련 장소

IDP 대담에서 멘토는 학생에게 학습활동을 꾸준히 계속하도록 격려하고 성원합니다. 그러나 뚜렷한 학습활동 단계는 IDP의 대담과 대담 사이에서 일어납니다. 학습은 반드시 해내야만 하는 작업이니까요. 학습 행위는 곧 훈련이지요. 그러므로 학생의 주중 일과는 여러 가지 다양한 훈련 기회를 포함하고 있습니다. 그것은 학교가 학습하는 기관이고 "할 수 없다"에서 "할 수 있다"로 만들어 가는 훈련장이기 때문입니다.

내가 학교를 훈련장이라고 말하면 때로는 일정한 저항에 직면하기도 하지요. 그런 일은 분명히 나의 생각을 원치 않는 상황으로 몰아갈 수 있지만 그래도 나의 개념을 확고히 지켜 갑니다. 그것은 나의 강조점이 훈련에 있기에 그렇습니다. 학습은 활동이지요. 학생들의 학습 발달에서 의미 있는 활동은 그들이 학교에 있는 동안에 벌이는 일입니다. 그래서 훈련을 강조하는 데는 일리가 있다고 생각하여 그것을 대학의 캠퍼스 개념과 스포츠 세계의 훈련소 양쪽에 결부시키는 것입니다.

학교가 훈련장을 잘 개발하면 할수록 멘토와 학생은 발전적 단계를 둘러싼 사고의 회전 방향을 더욱더 넓혀 갈 수 있게 됩니다. 그들은 학교가 다양하고 진지한 학습 환경과 학습 기회를 제공한다는 사실을 알고 있습니다. 아울러 자기 학교가 학습활동을 펴 나가는 다각적인 훈련 장소라는 점도 잘 알고 있습니다.

지난 시절 15분대화 제도에서는 물론 담임선생과 학생 사이에 일정 부분에서 훈련이 필요하다는 합의에 도달할 수 있었지요. 하지만 학습 환경이 변화하지 않는 상태에서는 훈련을 위한 운신의 폭이 전혀 없었습니다. 우리는 그것을 건드리지 못했습니다. 대체로 프로그램이 확정되었다 하더라도 훈련 단계는 흔히 보충지도부나 가정집 같은 교실 밖의 장소에서 이뤄졌습니다. 널따란 반석 위에 앉아 진행하는 일도 자주 있었지요. 그런데 우리가 공연 순서에서 훈련계획을 추방하면 두 가지 일이 발생합니다.

첫째로 학교의 교육 발달 과정에서 우리는 추진력을 제거해 버리게 됩니다. 우리는 늘 해 왔던 일을 조용히 계속해 나갈 수 있습니다. 우리 기관은 체계가 잡혀 있고 준비가 잘된 상태이고 모든 것이 갖춰져 있어서 좋습니다. 그곳은 많은 학생에게 꽤 좋은 곳인데 혹

한두 사람에게 맞지 않는다면 그건 우리 잘못이 아니고 그 개인의 머릿속에 무언가 문제가 있는 게 아닐까요? 조금이라도 생소하게 느껴지는 것은 제거됩니다. 그런데 생소한 것을 계속 제거해 가는 기관은 불가피하게 침체하게 됩니다.

둘째로 학생은 연습 기회가 많지 않기에 발달단계가 몇 가지로 제한될 수밖에 없습니다. 그래서 학생은 불안한 생각을 하게 되지요. "내가 연습할 것이 있는데 연습할 자리가 없거든." 심리학에서는 이것을 이중속박이라고 하는데 학생이 상반되는 임무에 희생물이 되는 경우를 가리키는 것입니다. 자기가 해야 할 일을 알고는 있는데 그것을 실행할 수 없을 때 행복을 느낄 사람은 아무도 없지요. 좌절과 노이로제를 일으키게 되는 상태가 바로 그런 상황이고 종국에는 무관심과 파괴로까지 이어지게 됩니다.

15분대화는 그렇기 때문에 학습기관의 틀 안에서 활동을 진작시키는 지렛대가 되지 못했습니다. 15분대화는 학습보다는 평가를 중시하는 기관에서 무미건조한 주장에 불과하였습니다. 학교는 그간에 학습 기능과 평가 기능 사이에서 평가에 유리하도록 만들어 놓은 균형을 지루하게 유지해 왔던 것입니다. 그 제도는 학교체제 속에 순응하는 방법을 찾은 학생에게는 유리했으나 현재의 자기 위치와 다음 단계를 찾지 못한 학생에게는 맞지 않았던 것입니다. 따라서 이들 학생을 위한 다음 단계는 별로 마련되어 있지 않았지요. 그들의 다음 단계는 들어설 자리가 없고 고작해야 널찍한 반석 위에 조용히 오르는 단계가 전부였지요.

그러므로 IDP 작업은 내가 학습의 훈련장이라고 부르는 학교의 학습활동 기구가 발전해야만 아울러 발전할 수 있는 것입니다. 그래서 이 책의 제1부에서 IDP 작업을 하나의 퍼즐처럼 기술한 것입니다. 그것이 구상한 대로 작동하기만 하면 IDP는 불가피하게 개인의 요구를 가시화하게 되고 훈련은 어떻게 전개되며 새로운 훈련 형태가 어떻게 자리 잡게 될 것인가에 대한 창의적 아이디어를 만들어내게 됩니다. 그렇게 되면 IDP는 기관을 발전시키는 활동도 겸하게 됩니다. 그것은 결국 기관 발전에 보다 강력한 힘을 발휘하는 활동으로까지 작용하는데, 그 이유는 학생들과 멘토들 전체가 목표 도달 이행 방법에 대한 창의적 의견을 발표하게 될 테니까 말입니다. 수백 명의 학생과 멘토가 지속적으로 IDP 작업에 참여한다면 물론 기관 전체가 변화하게 되겠지요. 한 기관 내의 모든 구성원이 크건 작건 간에 언제나 새로운 단계를 밟아 나간다면 변화는 시작됩니다. 이것이 바로 기관 발전의 (모두가 항상 움직이는) 작동 요인이 됩니다. 그런 연유로 해서 교장들이 IDP 작업을 개발하는 데 그토록 끈질기게 노력을 경주하는 것입니다.

이제 우리가 진정으로 모든 학생이 학습 목표에 도달하기를 바란다면 학습기관 내에 활동 공간이 필요합니다. 만일 4명 중에서

3명만 목표에 이르면 충분하다고 생각한다면 동일한 활동 공간은 필요치 않습니다. 준비된 활동 공간의 정도 차이는 학교가 모두를 위한 교육의 장이 되고, 모두가 발달단계를 취하도록 학교 당국이 얼마만큼 의욕과 기대치를 갖고 있는가를 상당 부분 말해 주고 있습니다.

따라서 나는 IDP 작업을 해 가면서 학교의 일상생활에서 활동 공간이 어떻게 마련되어 있는가라는 문제에 대해 유심히 귀 기울이고 각별히 주시해 왔습니다. 그래서 다음 절에서는 몇 가지 활동 공간 프로젝트에 대해서 설명하고 그 부분을 사회문화적 맥락에 배치하기로 정했습니다.

사회문화적 활동 공간

학습활동

[그림 2]는 학습활동의 국면을 사회문화적 관점에서 보여 주고 있습니다. 도표가 지향하는 대원칙은 학습활동에 있습니다. 학생들의 학교교육의 성공 여부를 결정하는 요인은 그들이 학교에 머무는 동안에 무엇을 하느냐에 달려 있습니다. 상호작용, 인공자료, 학습 공간, 창의성 등은 학습활동을 구성하는 여러 요인들입니다. 도표

[그림 2]

	외부적	내부적
상호작용	1 3 4 6	1 3 4
도구	7 8 9	11
장소	10	11
창의성	12 13	11

← 상호작용 →

상의 외부적, 내부적 구분은 비고츠키의 2단계 모델과 관련되어 있습니다. 아이는 한 가지 일을 두 번에 걸쳐서 배웁니다. 우선 학습은 다른 아이들과 함께 도구를 이용하여 특수한 상황에서 외부에서 실제로 확실하게 일어납니다. 그다음에는 내부적인 개인의 활동으로 일어납니다. 외부적 세로 칸은 상호 교류적, 중계적, 상황적, 창의적 요인을 나타내는 첫 번째 단계입니다. 내부적 세로 칸은 내부적 능력(내적 언어)으로 변형된 외부적 활동으로 제2단계에 해당합니다. 또 4각형 안의 숫자는 아래에서 설명하는 프로젝트에 해당하는 것입니다.

내게 물어 오기 전에 친구 3명에게 물어보라

교사 안네 마리 셜링Anne Marie Körling은 자신의 '3명에게 물어보기' 방법으로 흥미진진한 상호작용을 개발하였습니다. "학생들 간에 서로 도와 가며 학습을 함께 개발해 가는 것입니다. '3명에게 묻기'는 학생이 교사에게 물어 오기 전에 자기 반 친구들에게 먼저 물어보기를 권장하고 허용하는 것을 의미합니다."셜링, 2006, 62쪽

IDP 대담에서는 "이 단계를 너는 누구와 같이 하겠느냐?"라는 질문이 제기됩니다. 학급 안에서 친구들이 항상 서로 돕는 상호 소통의 습관과 자세가 이뤄졌다면 IDP 대담에서 학생과 멘토는 어느 특정 학생의 지식 개발을 위해서 친구들을 잘 도와주는 학생의 역할을 허용하는 방안을 찾아내기가 쉽지요.

세 사람이 모두 할 수 있어야 된다

기초학교 고급과정 7-9학년제 학교는 워크숍 방법을 활용하는데 3명의 학생이 한 그룹이 되어 공동 과제를 받아 그룹 학생 모두가 과제를 풀기 전까지는 그 그룹은 과제 해결을 완결하지 못합니다. 이 방식은 그룹의 구성원 모두를 발전시키려는 것입니다. 따라서 스

스로 풀지 못하는 학생은 풀 수 있는 학생에게서 도움을 받아야 하지요. 문제 해결이 가능한 학생은 과제를 좀 더 깊이 이해하도록 발전시켜 나가는데, 그 이유는 그 자신이 친구들이 이해하는 것과 이해하지 못하는 것이 무엇인가를 파악하도록 자극을 받기 때문이지요. 그 방법은 모든 구성원들의 메타 인지 능력(내가 이해하는 바는 무엇이고 다른 사람이 이해하는 바는 무엇인가?), 모방 기술(내 친구들은 어떻게 하지?), 그리고 교육적 능력(나는 친구들에게 어떻게 설명을 하나?) 등을 개발시킵니다.

만약에 학교가 '셋이 모두 할 수 있는 그룹'을 많이 개발해 나간다면 IDP 대담에서 학생과 멘토가 고려해야 하는 활동 공간은 그만큼 더 늘어나게 됩니다.

학습활동의 대부(후견인)

예비학교+6년제 학교는 후견인 제도의 자격을 종래의 모범생 친구에서 보통 학생까지 포괄하는 식으로 보완하고 있습니다. 어린 학생들이 나이 든 학생들을 만나면 나이 든 학생들은 자기들이 지금 어린이 반에 있었을 때에 무엇을 하였는가를 보여 줍니다. 그들은 여러 단원을 마치기까지 어떤 노력을 했으며 어떻게 새 단계를 쟁취

했는가를 설명해 줍니다. 그리고 자기들도 한때는 "할 수 없는" 상태에 있었는데 지금은 어떻게 "할 수 있는" 상태가 되었는가를 가르쳐 줍니다.

학습활동의 상호 교류

몇몇 학교에서는 나의 지난번 저서Strandberg, 2006에서 설명한 비고츠키의 보조 자료를 사용하고 있습니다. 그 자료의 도움을 받아 학생은 사회적으로 전달된 지식에 접근하는 능력을 개발하게 됩니다. 달리 말하면 똑똑한 친구의 능력을 빌리는 방법을 말합니다.

비고츠키의 보조 자료

- 흥미롭고 진지한 상호작용 거리를 찾아보라.
- 주위를 살펴보고 네가 하고 싶은 일을 누가 해낼 수 있는가 스스로 물어보라.
- 같이 참여해도 괜찮은지 대담하게 물어보라.
- 상호작용 활동에 참여하라.
- 물어볼 것이 있으면 주저하지 마라.

- 하는 이야기를 귀담아들어라.
- 너 자신은 어떻게 생각하는지 말해 보라.
- 건설적 문제 해결 방법을 본받아라.
- 네 친구의 능력을 인정하라.
- 친구에게 똑같은 것을 반복해 보도록 요청하라.
- 다른 친구들이 우수하고 잘 도와준다고 너그럽게 말해 보라.
- 네가 가진 것, 너 자신, 그리고 네가 할 수 있고, 알고 있는 모든 것을 활용해서 남에게 도움이 되도록 하라.
- 다른 사람들의 기여에 열린 자세를 보여라.
- 다른 사람의 학습을 도와주어라.
- 자기 학습에 다른 사람의 도움을 요청하는 것은 정당하다.

이 보조 자료는 구체적 훈련계획에서뿐만 아니라 학습의 공동 작업을 개발하는 전반적인 모델로도 사용되고 있습니다. 새로운 지식으로 나아가는 단계는 함께 가야 합니다. 학교라는 장소가 언제 어디서건 학습의 공동 작업으로 충만할 때 학생은 학습활동에서 다른 사람과 쉽게 어울리게 됩니다.

멘토와의 황금시간

학생들이 일상생활에서 친구들과의 공동 작업이 유익하다는 경험을 많이 할수록 이런 것들이 멘토와의 IDP 대담에도 이롭게 작용합니다. 다양성이 있는 곳에 IDP 대담은 "자체의 특이한 매력 포인트"를 적절하게 드높일 수 있게 됩니다. 따라서 학교는 학생과 멘토 양측의 기대치를 높이기 위해 IDP 대담을 "멘토와의 황금시간"이라고 부릅니다.

3자의 탱고

가정과 학교 사이의 발달대화가 불만 해소 차원이 아닌 하나의 협력 포럼이 되면 그것은 학습의 상호작용으로 부각되는 훈련장에 퍼즐 조각 하나를 더 추가하는 셈이 됩니다. 그러한 퍼즐 조각이 더 많아질수록 학생과 멘토에게는 앞으로 다가올 발달단계를 위한 기회와 상황을 찾기가 더 쉬워질 것입니다. "3자의 탱고"에서 멘토와 학생은 기대와 열망을 담은 실질적인 도움을 받게 됩니다. 그러나 가정 역시 교과과정의 몇몇 특정 단원을 훈련할 방법과 장소를 찾아 활동의 폭을 넓히는 협력의 파트너가 됩니다. 그중 몇 가지는 아마도 가정의 학습 분위기에서 가장 잘 훈련될 수 있을 것입니다. 발달대화는 훈련 장소의 옥토 중의 한 부분입니다.

부정행위 쪽지 만들기

학습에는 중간에 끼어든 가공물(부정행위 쪽지)이 유용할 때도 있습니다. IDP 대화에서는 물론 학생이 자기의 전향적 단계에서 무슨 도구를 이용할 수 있을까도 탐색해 봅니다. 어느 학교에서 나는 수학용 부정행위 쪽지 제작 장소를 보았습니다. 시험을 치르기에 앞서 학생들에게 커닝 페이퍼를 만들어 보라고 이릅니다. 학생들은 처음에 매우 당황합니다. 특히 교사의 눈에 띄지 않게 만들어야 한다고 할 때 더욱 그러했지요. 열성과 창의성을 다 동원하여 조그만 커닝 페이퍼가 만들어졌습니다. "수학에 대한 그러한 열의는 우리가 오래전부터 보아 온 것입니다"라고 한 교사가 말하더군요.

그러면 학생들은 정말로 커닝 페이퍼를 시험장에 가져가도 되나요? 그렇지요, 우리는 두 가지 방식의 시험을 치르지요. 비고츠키의 2단계 모델에 따라서 하나는 커닝 페이퍼를 지참하고, 또 하나는 커닝 페이퍼 없이 치르는 것입니다. 학생은 한 가지 일을 두 번에 걸쳐 배운답니다. 우선은 상호작용과 전수된 행위를 통해 배우고, 그다음에는 개인적 행위로 배우게 됩니다.

낱말 상자

낱말은 특별히 흥미 있는 도구인데 그 이유는 낱말의 힘이 외부와 내부, 곧 언어와 사고의 양방향을 지향하고 있다는 점에서입니다. 낱말은 사고활동, 즉 내적 대화에 큰 도움이 됩니다. 낱말은 사고의 길을 열어 주고 일깨워 주며 학생의 생각을 더 멀리 이끌어 "또다른 차원"의 긴 여정으로, 보다 넓은 세계로 안내합니다. 어느 학교에서는 여러 과목에 걸친 주요 낱말과 개념, 관용적 표현을 담은 낱말 상자를 만들어 놓고 학생은 이들의 도움을 받아 혼자 앉아서 생각을 굴리도록 해 놓았습니다. 학생과 멘토가 IDP 대담 시에 그와 같은 낱말 상자가 있다는 사실을 알면 다음과 같은 질문을 하기가 쉽지요. "너는 '할 수 없다'와 '할 수 있다' 사이를 항해하는데 무슨 낱말을 가지고 떠나지?"

부정행위 쪽지 창작소로서의 특별 교육학

학습활동에서 생각하기는 일종의 매개 활동이고 보조도구는 하나의 지렛대임이 분명합니다. 그래서 부정행위 쪽지를 사용하는 것은 자명한 일이지요. 부정행위 쪽지를 제작하는 학교의 가외 작업장은 특별 교육학 분야에 속합니다. 학생들은 생각해 보는 것이 보조도구를 이용하는 활동이라는 점을 알아야만 합니다. 학생들 또한 이들 보조도구를 사용할 수 있어야만 합니다. 만일에 학교 당국이 특별 교육학 분야에 속하는 부정행위 쪽지 제작소를 활용할 수 있게 허용한다면 학생은 멘토에게 별생각이 없이 이렇게 말할 수 있겠지요. "제가 부정행위 쪽지 제작소를 한번 둘러보고 한 단계 앞으로 나가는 데 도움이 될 만한 게 있는지 보고 오겠습니다."

학습 장소의 개조

학습활동은 일정한 장소에서 이뤄지는데 일부 장소는 학습에 편리하지만 다른 장소는 그렇지 못합니다. 무슨 활동에 어떤 장소가 좋은가는 사람에 따라 다르지요. 그래서 학교 당국은 학습 환경이 눈에 잘 띄도록 만들 필요가 있습니다. 다만 학습 장소는 특별한 물리적 실체만을 의미하지 않으므로 칸막이 가리기, 구석 공간, 의자 배치 같은 것들과도 연관되어 있지요. 장소와 관련된 작업에 대해서 일부 학교는 내가 쓴 『실제에서의 비고츠키』스트란드베리, 2006, 18~46쪽 란 부분을 참고하고 있습니다.

학습활동을 위한 장소

- 대담과 토론의 장소
- 교사와 학생의 대화 장소
- 학생 상호 간의 대화 장소
- 개인의 사고활동 장소
- 보조 자료 장소
- 전시 및 발표의 장소
- 전망과 복잡성, 발달영역과 수준 조절의 장소
- 실외 공간

이와 같은 기본 개념에서 출발하여 많은 정규학교와 예비학교들이 상당한 창의력을 발휘하여 매우 흥미로운 다양성을 창출해 냈습니다. 작은 아이들이 궁리하는 구석, 네 생각을 다듬는 안락의자, 친구의 자리 한쪽 빌리기, 학습 장소로 쓰이는 정원, 주의력 집중훈련 장소(학생이 방해받는 인상을 주지 않는 안전한 장소가 아니고 집중 훈련을 쌓는 방), 산뜻한 방(교사나 똑똑한 친구들이 들어와서 한 단계 앞선 이야기를 나누는 장소)과 같은 것들입니다.

훈련 장소가 공간적 다양성을 가지고 발전해 가면 갈수록 학습의 상황적 성격, 즉 "이번 발달단계를 너는 어디서 훈련하려고 하느냐?" 하는 문제를 다루는 IDP 질의에 대해 학생과 멘토는 더욱더 용이하게 답변할 수 있게 됩니다.

사고의 전환

학습은 양적인 과정일 뿐만 아니라 질적인 과정이기도 합니다. 이 세상은 점점 더 복잡해지고 설명을 요구하며 구조화되어 갑니다. 그래서 학생들은 이러한 질적 도약에 대해 도움이 필요한 것입니다. 학생에게 일어나는 "할 수 없다"에서 "할 수 있다"의 변화는 때로는 오직 한 단계만을 높이는 것으로도 가능합니다. 예를 들어 우리가 문자라고 부르는 도형을 학생은 그림이 아닌(사실은 그림이지만) 여러 소리의 기호로서 다루지 않으면 안 됩니다. 그 수수께끼를 해결하려면 학생은 그림의 특성을 음소의 특성으로 전환하는 새로운 사고 영역과 차원으로 수준을 높여야만 합니다. 그와 같은 전환을 나는 종종 사고의 전환이라고 부릅니다. 사고를 전환하는 것은 그리

간단치가 않지요. 내 주장의 취지는 학교가 때로는 사고 전환 문제를 너무 단순하게 다뤄 왔다는 것입니다. 말하자면 학생들이 새 차원에 편승하기를 그저 희망해 오기만 했다는 것입니다. 그러나 모든 것은 훈련을 쌓아야 합니다. 모든 것이 학습활동이고 더욱이 사고의 전환은 상당한 수준의 추가 훈련을 요구합니다.

학교는 학생에게 그가 수준을 올려야 할 단계에 와 있다는 사실을 분명하게 알려 주어야 합니다. 학교는 또한 학생들이 사고 전환을 쉽게 이행할 수 있도록 상황을 조성해 주어야 합니다. 똑똑한 친구들, 수준 높은 낱말, 보조도구, 창의적 은유법 따위가 사고의 전환을 용이하게 만들어 줍니다.

만일에 학교의 훈련 장소가 사고 전환 시에 발생하는 특이한 까다로운 점에 착안하여 이에 대처하는 특별 훈련 게재를 마련해 놓은 사실을 멘토와 학생이 알고 있으면 IDP 대담은 수월해집니다. "자, 이제는 네가 이들 과제를 또 다른 차원에서 해결할 때가 되었구나. 그러니 너는 x 선생을 찾아가 이 문제에 대해서 도움을 요청해야 한다. 그 선생님은 그것이 어찌 돌아가는지 알고 있다."

여기서도 마찬가지로 명백한 것은 훈련 상황에서, 특히 위태로운 7~9학년 학교에서는 적어도 일주일에 최소 반나절은 자기의 수준 향상을 담당한 지도자를 만날 수 있도록 시간표를 작성해야 합니다.

창의적 조합

우리는 한 가지 발달단계를 여러 가지 다양한 방식으로 훈련해 나갈 필요가 있습니다. 더 전진해 가기 위해서는 훈련과정상의 여러 단원을 조합해야 할 필요가 종종 있습니다. 나는 이것을 창의적 조합이라고 부릅니다. 학생과 멘토가 IDP 대담을 통해서 합의한 사항은 창의적 조합 방식의 도움을 받아 훈련할 필요가 있습니다. 예를 들면 여러 과목을 조합하여 발달단계에 도달하는 방식이 있습니다. 수학과 공예, 생물학과 학교간호사 지식, 체육과 지리, 독서훈련과 사진작업, 철자법 훈련과 IT 기술을 각각 조합하고, 또 자연과학과 기술은 지자체 기술학교에, 생물학은 야외교육에, 역사는 박물관에 연계시킬 수 있습니다.

그런데 학생과 멘토가 IDP 대담 중에 한편으로는 조합이 가능한 단원을 알고 있고 한편으로는 조합할 대상이 있음을 알게 되면 다음 질문에 대답을 찾기가 쉽습니다. "너는 이 단계를 너 자신의 방식으로, 또 창의적 방식으로 어떻게 전개해 나갈 수 있겠니?"

학교는 대개 조합이 가능한 창의적 방법과 교과단원을 풍부하게 갖추고 있지요. 그러나 이 자산은 때로는 눈에 띄지 않게 조성되어 있어서 결국 이용되지 않고 있습니다. 내가 본 바로는 지자체 단체들kommuner은 실제로 기술공작실, 야외 교육장, 도서관 프로젝트,

자연과학 상자, 예술인 접촉, 자매학교, 청부계약 사업, 음악과 연극 활동 등 다양한 분야를 개발해 놓고 있습니다. 하지만 이처럼 훌륭한 교육 사업을 위한 활동들은 IDP 대담에서 전혀 주목을 받지 못하고 있습니다. 그러니 아주 뜻밖에 터널을 구경하는 상황에 처하게 되는 거지요. 우리는 오직 한 방향만을 주시하고 머리를 긁적이며 생각합니다. "맙소사, 이것을 우리 교실에서 어떻게 연마한단 말인가?"

모두를 위한 학교에서 IDP 대담은 어차피 대안적, 창의적 조합의 이용을 요구하게 됩니다. 그리하여 일부 학교는 학생이 학교 안과 밖에서 실제로 이용할 수 있는 장소를 가리켜 주는 학습 환경 지도를 그려 놓았습니다. 학습활동의 훈련 장소는 실로 넓은 지역이니까 말입니다. 지도의 도움으로 멘토와 학생은 학생 자신이 한 단계 전진하는 데 도움이 되는 창의적 조합을 연계시킬 수 있습니다.

창의성 제작실

가끔씩 학습활동이 정지 상태로 있는 경우도 있습니다. 그럴 때면 학생은 진전 가능성에 대한 자신감을 잃은 것같이 보이기도 합니다. 멘토가 아무리 애써 보았자 흥미와 동기를 전혀 일깨우지 못합니다. "관심을 기울여 봐."

모든 사람에게 그런 기간이 있기 마련입니다. 그럴 때는 훈련 장소가 다른 방식으로 발달 의욕을 일깨우는 기회를 제공해 주면 좋습니다. 학생이 창의적 작업을 해내고 이를 이행하는 기회는 그 자신이 자기의 발달능력을 다시 찾는 그런 순간이라고 하겠습니다. 많은 학교가 그런 순간들을 활용하도록 조치해 놓고 있습니다. 말뫼 Malmö에 있는 다양성학교의 자료센터에는 예를 들어 개발에 필요한 활기찬 연습을 다양하게 펼치는 교육자들이 있습니다.Elizabeth Flórez, Gustavo Nazar, 2007

성인이 학습을 시작할 필요가 생기면 그들에게는 (때때로) 새로운 방법을 시도해 볼 기회가 주어집니다. 새로운 방법 가운데는 운동하기, 예능 방면 소질 찾기, 새로운 식습관 들이기, 새 활동 참여하기 등이 있습니다. 예컨대 내가 TV 프로의 톱 포름Topp-form을 볼 때마다 어떻게 하면 이 프로에 다양한 방식으로 참여할 수 있겠는가 하는 갖가지 아이디어가 만발합니다. 이러한 창의적 다양성이 성인에게만 유보되어 있는 것이 좀 유감이지요. 학교의 모든 학기의 커리큘럼에는 창의성 제작실을 이용하는 활동도 포함하고 있기에 학생들은 그 틀 안에 들어올 수가 있습니다.

멘토와 학생이 창의성 제작실까지 이용하게 된다면 그들은 지식 단계에 들어설 여러 가지 방안을 찾아내게 될 것입니다. IDP 대담은 관습에 구애받지 않는 "목표 달성을 위하여"라는 제안에 대해서 길을 열어 주는 데에 낯설어하지 않습니다.

연극 공연과 그 외의 다른 행사는 지적 발달에 신선한 원천이 된다는 괄목할 만한 사실을 보여 준 바 있습니다. 학생들은 연극 공연에서의 닫힌 역할과 양태에서 벗어나 자기 자신이 아닌 또 다른 모습들을 보여 줄 수 있습니다. 연극은 학생들의 발달 동력을 다시 일깨워 줍니다. 연극 '즐거운 휘딕Glada Hudik'이 스톡홀름의 서커스단에서 성공적으로 공연을 마치게 된 것은 "모든 것이 가능하다"는 메시지로 우리들의 IDP 작업에까지 좋은 영향을 주고 있습니다.

사회문화적 대책

IDP의 퍼즐 작업에서 연습은 하나의 중요한 퍼즐 조각이 됩니다. "할 수 없다"에서 "할 수 있다"로 변해 가는 연습은 학습활동의 구성 요인들입니다. 앞장에서 이 요인들이 어떤 방식으로 사회문화적 영감의 도움을 받아 개발될 수 있는지 몇 가지 사례를 들어 설명했습니다. 각급 학교는 사회문화적 자원을 충분히 갖추고 있습니다. 상호 협력 방식, 보조도구, 적절한 장소, 창의성 같은 것들이지요. 그것들은 값이 싸고 실질적이며 재미있고 언제나 이용할 수 있습니다. 그런데 유감스럽게도 이들 자원이 때로는 잘 활용되지 않았지요. 특히 그 자원들이 가장 많이 필요한 대책 프로그램에서 이용이 부족했었습니다.

대책 프로램 IDP(개인별 발달계획)를 처음으로 소개한 기초 관계 자료의 하나인 교육부 간행물 "학생의 성공-학교의 책임"^{정부간행물}

시리즈 Ds 2001: 19에는 대책 프로그램이 단계적으로 IDP에 포함되리라는 희망이 있었습니다. 그런데 그것이 실현되지 않았습니다. 그러니 대책 프로그램은 그대로 남아 있게 되었지요. 왜냐하면 특별한 지원이 필요한 학생과 목표를 달성하지 못할 위험에 처한 개개인 학생이 지식 발달 과정에서 실제로 적절한 지원을 받도록 확실한 보장을 위해 남아 있는 것입니다.

IDP와 대책 프로그램은 여러 가지 관련 기록 자료를 이용하고 있습니다만 멘토의 작업은 그것이 IDP이건 대책 프로그램이건 간에 대체로 동일합니다. 그러나 대책 프로그램 중의 일부는 명확성(때로는 법률적 성격상)을 기하기 위해서 주목해 볼 만한 가치가 있습니다. 그중에 한 가지는 학생들의 전체 학습 환경에 대한 총체적 그림을 보여 주는 지도 제작을 학교 당국에 의무화하는 일입니다. 이것은 매우 좋은 일이라고 생각합니다. 앞 절의 훈련장에 관한 부분에서 IDP 작업이 학습활동의 맥락을 고려하고 이를 발전시켜 나간다는 점을 분명히 했습니다. 이는 학습이 사회문화적 활동이기에 물론 당연한 것이지요. 하지만 나는 운영지침이 명시하고 있는 바를 존중합니다. 그 이유는 사회문화적 관점이 가장 절실할 때, 즉 대책 프로그램이 수립될 즈음에 그 관심은 종종 사라지기 때문입니다.

특별 지원이 필요한 학생에게 적용되는 대책 프로그램이 때로는 개천으로 미끄러져 버리는데, 거기서 우리는 일방적으로 학습문제를 학생의 두뇌 속의 결함으로 간주해 버립니다. 우리 같은 교육 관찰자들은 의학적 진단에 굴복하는 경향이 있습니다. 그로 인해 우리는 교육적 역량을 빼앗기고 있는 것입니다. 하지만 우리는 두 손으로 시작하여 골칫거리 문제라면 무엇이든 드러내 보여야 합니다. 우리는 학교가 여러 해 전에 포기해 버린 낙인찍힌 패러다임 속에서 아래로 뒤로 미끄러지고 있습니다. 특히 이런 학생들과 관련해서는 우리 자신이 마치 사회문화적 시각을 잊어버린 것 같아요.

최근에 출간된 책 『모든 이에게 적합한 학교 만들기-학생 건강과 스웨덴 학교 정상화를 위한 협상』에서 에바 예르네Eva Hjörne와 로게르 샬예Roger Säljö는 대책 프로그램을 다루는 과정에서 우리는 어떻게 해서 발판을 잃게 되었는가를 기술하고 있습니다. 학생의 상태가 어떠한가에 대한 피상적 "설명"과 무비판적 생각이 학생이 실제로 학교에서 어떤 생활을 하고 있는지에 대한 적절한 기술을 대신하고 있다는 것입니다. 문제 해결을 위한 대화가 "골치 아픈 대담trouble talk"에 자리를 양보하고 학생 본인의 기술은 완전히 자리를 감춘 채 다른 사람들의 생각으로 채워져 있다는 것입니다.

학생의 목소리가 들리지 않고 그의 질문과 기능적 문제 소유 행태가 주목받지 못한다면, 또 학생의 문제를 사회문화적 맥락의 관계 차원에서 관찰하지 않는다면 대책 프로그램은 하나의 재앙거리가 되고 말 것입니다. 그러니 무엇이든 어떤 조치가 이뤄져야 합니다. 이제는 사회문화적 대책 프로그램을 발전시켜야 할 때가 된 것입니다.

2007년 가을에 나는 대책 프로그램을 유지하는 데 있어 학생의 학습 환경을 가시화하는 사회문화적 방법을 찾아보고자 피테오Piteå의 몇 개 학교와 공동 작업을 벌인 적이 있습니다. 우리의 소규모 프로젝트는 "그룹 수준별 조사"라는 이름을 붙였지요. 그 프로젝트의 작업 방향은 다음 사안들을 다루었습니다.

- 학생, 교사, 학부모들의 의견 청취
- 설명이 아닌 기술 중심으로 작업하기
- "골치 아픈 대화"를 문제 해결을 위한 협력 방법으로 대체하기-3자의 탱고
- 학생의 학습 환경을 사회문화적 측면에서 가시화하기

그룹 수준별 조사-한 가지 방법

대책 프로그램은 학생이 발달단계로 나아가도록 도와주는 것을 목표로 삼고 있습니다. 그리하여 IDP 대담에서와 똑같이 학생이 당면한 발달영역을 찾아내는 일이 그 과제가 됩니다. 따라서 학생 개

인과 그의 학습 환경 양쪽을 모두 주시하는 것이 중요하지요.

그룹 수준에 대한 체계적인 조사는 학생의 학습 환경을 기술하려는 데에 그 목적이 있습니다. 이 조사는 학생의 학습 환경을 조성하는 사회문화적 맥락에 대한 관점을 수집하는 일을 과제로 삼고 있습니다. 즉 학교활동이 학생 자신에게 어떻게 작동하고 있는가, 어떠한 교육적 방법이 사용되고 있으며 그 방법이 학생에게는 어떻게 작용하는가, 시간과 장소는 어떻게 활용되고 있으며 학생을 위해서 그것들은 어떻게 기능하는가, 어른과 친구에 대한 학생의 관계는 어떠한가, 가정과 학교의 협력관계는 어떠한가, 휴식 시간은 어떻게 쓰이고 있는가 등등의 과제들입니다.

한 학생의 학습 환경에 대한 기술은 한 사람만의 힘으로는 되지 않고 관련된 모든 사람들(교사, 학부모, 학생)이 제대로 된 기술을 만들어 내도록 협력하지 않으면 안 됩니다. 특히 중요한 것은 학생 자신의 기술이지요. 체계적인 조사 작업 역시 실제 상황 그대로를 분석하고 기술해야지 설명을 하거나 조사자의 '생각'을 기록해서는 안 됩니다. 무엇인가를 기술하는 일은 사물이 처해 있는 그림의 실상을 제시하는 것입니다. 그것은 가치판단을 내리는 작업이 아닙니다. 그다음 단계에 모든 참여자들이 적절한 대책과 창의적 조합 방식, 후속 활동 등을 찾아낼 수 있는 것은 바로 기술된 자료를 근거로 하는 것입니다.

그러므로 학부모와 학생, 교사는 각각 자기가 기술한 것을 가지고 일하는 자세가 중요합니다. 우리는 다양한 시각을 가지고 여러 사물을 바라봅니다. 세 쌍의 눈이 한 쌍의 눈보다 더 많은 것을 보지요. 따라서 조사 작업은 좀 더 다면성을 띄게 됩니다.

이들 기술 작업을 좀 더 수월하게 할 수 있도록 위에서 언급한 프로젝트에다 각 당사자에게 해당하는 여러 과제와 질문들을 만들어 놓았습니다. 그 질문들은 카드 한 장에 질문 하나씩 인쇄된 카드에 수록되었고, 각 질문의 아래에는 설명을 쓰도록 자리를 비어 놓았습니다. 만일에 학생이 질문을 읽고 자기의 평을 써 넣는 데 도움이 필요하면 전문교사가 도와주도록 되어 있습니다.

이제 모두가 함께 학생의 학습 환경에 대해서 공동의 지도를 그리는 발달대화를 앞두고 학생과 그 부모는 서로 각자의 기술 내용에 대해서 대화를 나누게 됩니다.

이에 덧붙이어 학생의 학습 환경에 대한 지도를 그리는 데 참여자들이 각기 준비해야 할 몇 가지 질문 사항을 소개합니다.

학생을 위한 예비 질문

• 아무개는 누구와 함께 있나요? 학생 옆에는 누가 앉아 있

나요?

- 학생은 누구와 함께 있으면 학습을 잘할 수 있을 것 같나요?

- 과목에 따라서 친구를 달리하나요? 만일에 그렇다면 각 과목에 대한 본인의 자세는 어떠한지 기술해 보세요. 선생님들은 어떤 분들인가요? 학교 공부에서 도움이 필요할 땐 누구한테 가나요? 기분이 언짢을 땐 누구한테 가죠?

- 교실 안에서는 창가, 맨 뒤쪽, 맨 앞쪽 중에서 어디가 제일 마음에 드나요? 주위가 조용했으면 좋겠나요? 공부할 때 이어폰(수신기)을 끼고 음악을 듣고 싶은가요?

- 쉬는 시간에는 무엇을 하는지 말해 보세요. 쉬는 시간이 끝나면 교실로 들어가나요? 공부를 시작하기 전에 어떻게 하나요?

- 교실에서 기분이 좋으면 무엇을 하나요? 수업 중에 일어나는 일은 무엇이 있나요? 당신이 보통 하고 있는 여러 가지 학습 방법에 대해 이야기해 볼까요? 그중에서 좀 더 좋아하는 방법이 따로 있나요?

- 학생이 이해하지 못하는 것은 대개 교사나 친구들에게 물어보나요? 수업 시간 중에 본인이 설명하는 것도 있나요? 수업 시간 중에 공부가 잘되면 무엇을 하나요? 학교 공부를 잘하도록 하는 동기유발 요인은 무엇인가요?

위와 같은 질문의 도움을 받아 학생은 친구들과의 관계, 어른들과의 관계, 물리적 환경과 제반 교육활동, 그리고 교실 내에서 자기 자신의 반응에 대해 기술할 수가 있습니다.

교사와 작업팀을 위한 예비 질문

- 교대근무 조에 대해서 기술해 보세요. 수업은 어떻게 시작합니까? 특별한 절차나 의식 또는 방식이 있습니까?
- 학습활동은 어떻게 구성하지요, 학급 전체로 하나요, 아니면 소그룹으로 하나요?
- 학습활동을 위한 동기부여를 어떻게 합니까?
- 학교 수업에서 당신에게 유용했던 학교와 가정 사이의 협력 사례를 들어 보세요.

이들 질문에서 도움을 얻어 멘토는 학교 공부의 상호작용, 교실의 구성, 교육 방법, 수업 절차에 대해 기술합니다. 멘토는 자기 자신이 기대와 동기를 조성하고 있는지, 가정과의 협력은 어떻게 작동하고 있는지에 대해서도 기술합니다. 때로는 자기가 개입된 활동을 기술하는 게 어려울 수도 있습니다. 그래서 멘토는 작업팀의 협조를 받도록 권장하고 있습니다.

학부모를 위한 예비 질문

- 당신 아이가 교실에서 교사 및 친구들과 협력하고 여가 시간
  과 휴식 시간에는 친구들과 어울리는 것을 학부모 입장에서
  어떻게 인식하고 있는지 기술해 보세요.
- 당신 아이를 위해서 학교가 임무를 잘 수행하고 있는지 또는
  그렇지 못한지 알고 있는 상황을 기술해 보세요.
- 학교 수업이 당신 아이에게 조화롭게 진행되거나 좀 그렇지
  못한 점이 있다면 그것은 기구 조직상의 방법과 관련된 문제
  때문이라고 생각하나요? 그렇다면 예를 들어 보세요.
- 당신의 아이가 학습을 제일 잘하고 있다는 사실에 대해 어떻
  게 생각하는지 기술해 보세요. 특히 스스로 공부하고 친구
  들과 같이 공부하는 자세와 보조 자료 및 다용도 공간의 이
  용과 활동 참여의 적극성 등을 중심으로 써 보세요.
- 당신에게 유익했던 당신과 학교 간의 협력 사례를 들어 보
  세요.
- 당신 아이의 학습과 관련된 당신의 역할은 무엇이라고 생각

하나요?

• 아이의 학습 동기 유발을 위해 당신은 무엇을 하고 있나요?

이와 같은 질문들을 통해 학부모들은 아이가 만들어 낸 친구들과 어른들과의 상호 협력 관계의 그림을 보여 주며, 동시에 교육활동에 대한 아이의 반응을 학부모들은 어떻게 인식하고 있는가, 또 학부모로서 그들 자신은 어떻게 반응하고 있는가를 보여 줍니다.

공동의 지도 그리기

이제 세 당사자가 질문 카드를 준비했으니 공동의 지도를 그리기 위해 만날 때가 되었습니다. 지도 그리기를 위한 대담 말입니다. 그들 모두는 각각 순서대로 "책상 위에 카드"를 내놓습니다. 각자는 자기가 그린 그림을 가지고 그것이 어떻게 학생의 학습 환경을 기술하려고 하는지 협조합니다. 이번 대담에서 중요한 점은 어느 누구도 설명을 시작하거나 속죄양을 찾으려 해서는 안 된다는 것입니다. 더도 말고 덜도 말고 그저 기술은 기술로 끝내야 합니다. 그룹의 임무는 학생의 학습 환경을 가능한 한 다방면에 걸쳐서 기술하는 것입니다. 세 사람이 책상 옆에 자리하고 세 사람의 목소리가 들립니다.

여러 가지 다른 그림들이 서로 대치하는 경우도 생기지만 그대로 두는 게 좋습니다. 그러한 차이는 우리가 특별히 주시해야 할 학생의 학습 환경 영역으로 그 후에 다시 다루어 변화시키면 됩니다. 그룹 차원의 지도 그리기 작업은 우리가 발전시킬 수 있고 또 발전시켜야만 하는 학습 환경의 부문을 찾아내는 일과 관련이 있습니다. 지도 그리기 작업이 끝나서 책상 위에 카드가 많이 쌓이면 그룹은 학생이 한 단계 전진하도록 돕는 훌륭한 대책 프로그램을 기술할 수 있는 좋은 근거를 갖추게 됩니다.

이것은 대책 프로그램을 설정하기에 앞서 지도 그리기에서 학습에 대한 사회문화적 시각을 우리가 어떻게 이용할 수 있는지를 보여 주는 한 가지 사례가 됩니다. 지도 그리기는 확실히 여러 방식으로 실시될 수 있지만 작업의 방향은 항상 학습과정의 고민과 관련된 구체적 맥락을 가시화하는 데에 집중되어야 합니다. 학습과 관련된 문제는 항상 학생의 실패와 그의 사회문화적 맥락 간의 변증법적 관계에 있습니다. 그리고 그것은 좋은 일입니다. 비록 학교가 학생의 머리와 두뇌는 변화시킬 수 없지만 학교의 사회문화적 활동은 우리가 발전시킬 수 있습니다. 학교의 전문 영역은 신경학이 아니고 교육학이기에 그렇습니다.

제3부
질문과 사고 思考

나는 이 책에서 IDP 작업 활동과 그것에 관련된 사항들의 그림을 그려 보고자 시도하였습니다. 이 책의 제1부에서는 IDP 작업을 8개 조각을 가진 하나의 짜 맞추기(퍼즐)로 기술했지요. 그다음에 제2부에서는 이 조각들 중에서 몇 개를 심도 있게 다루었습니다. 즉 진정한 지식 갈구와 내적 대화, 개발영역으로 초대하기, 학습훈련장, 사회문화적 대책 프로그램 등이 그 대상들이었지요.

　IDP 작업에 관한 나의 기술은 일반적 특성을 띠고 있으나 일상적 상황에 대해서 제대로 조명되지 않을 때에는 그에 대해 각별한 관심을 두었습니다. 일반적 관심 사항은 언제나 일상의 다수와 뉘앙스를 놓치는 위험을 안고 있지요. 그런 점은 이미 나의 용어 선택에서도 드러나 학교 유형에 따라서 생소하게 느껴질 수도 있습니다(예를 들어 고등학교에서는 IDP 개념을 전혀 사용하지 않고 "개인별 학습계획"

이라고 합니다). 나 역시 IDP를 학생과 멘토 사이의 협력 방식이라고 선택적으로 기술하였습니다. 그런데 이 또한 어디서나 사용되는 명칭이 아니며 특히 예비학교에서는 전혀 아닙니다. 그럼에도 불구하고 내가 기술한 설명문과 사례들이 그들의 호칭이 무엇이든 발달대화와 일정한 형식의 계획서를 담당하는 모든 관계자들에게 읽히면 좋겠습니다.

나의 입장에서는 아직도 많은 문제들이 남아 있음을 알고 있기에 여기저기서 나오는 어떤 열띤 토론이나 항의에도 귀를 기울일 준비가 되어 있습니다. 그리하여 우리는 이제 지난 수년간 내가 IDP와 작업하는 동안에 부딪혔던 몇 가지 문제점과 생각들을 담고 있는 이 책의 제3부 앞에 와 있습니다.

멘토와 과목 담당 교사

Q. 당신이 멘토의 자격에 관해서 말한 바에 나는 원칙적으로 동
   의합니다. 그러나 7~9학년 단위 학생과 함께 일하는 나로서
   는 그쪽에 좀 까다로운 면이 있지요. 나는 스웨덴어와 영어
   담당 교사입니다만 학생의 발달 관련 질문이 수학이나 화학
   과 관련된 것이라면 멘토로서 능력이 될 수 있을까요?

A. 학년이 높아지면서 과목의 전문성이 점점 심화되면 상황이
   더 복잡해지는 것은 사실입니다. 학생의 심화된 질문은 일반
   적인 것과 전문적인 것 양쪽 다일 수도 있지요. IDP 대담에
   선 멘토는 학생이 가져오는 모든 질문을 다 받아들이고 그의
   학습에 진전이 있도록 도와줘야 합니다. 특수한 전문 과목의
   질문은 그 과목의 전문가가 가장 잘 다룰 수 있다고 생각합
   니다만 그래도 당신의 존재는 여전히 중요하다고 봅니다. 당

신은 멘토로서 학생의 질문 내용을 상당한 정도까지 이해할 수 있고 또한 좋은 코치로서 학생의 궁금한 질문을 들어주고 부분적으로 동감할 수 있습니다. 이런 일을 당신은 교사 경험의 힘을 바탕으로 해낼 수 있는 것입니다. 또한 당신 자신이 교육자이기에 학생이 자기 학습에 대해서 기술한 상당 부분을 다시 알아보게 됩니다. 그러나 어느 특정 부분에서 예컨대 수학에서 학생이 한 단계 진전하려면 전문가가 필요하리라는 것을 감지하게 되지요. 그때 당신은 좋은 멘토의 입장에서 그가 의지할 만한 전문가로서 학생의 수학 교사가 있다는 반가운 소식을 전해 줘야 합니다. 그러나 당신도 더 도울 여지가 있습니다. 멘토로서 학생으로 하여금 자기의 질문이 수학에 한정된 것임을 확인하도록 조언할 수 있습니다. 당신은 아울러 학생이 자기 질문을 발전시켜 나가도록 도울 수 있지요. 학생 측의 모든 사전 작업은 시간 절약과 작업의 질 향상 양쪽에 이득이 됩니다. 정확한 질문을 찾아내는 것 역시 해답에 좀 더 접근해 가는 방법입니다. 그리고 학생이 수학 교사와 상담할 수 있는 시간과 장소를 정하도록 도와줘야 합니다. 그 일은 사실 보건소의 일반 의사가 다른 전문의에게 의뢰서를 보내는 것보다 더 까다롭지 않습니다.

앞서 제시한 당신의 질문에 대한 나의 대답은 두 부분인

데, 일부는 경험 있는 교육자로서 학생의 질문 제기를 꽤 멀리까지 함께 따라가 주는 것이고, 나머지 일부는 다른 전문가인 수학 교사에게 데려다주는 안내자의 역할이라고 생각합니다. 반면에 당신이 취할 수 있는 최악의 행위가 있다면 그것은 손사래를 치며 "안 돼, 이 문제를 가지고 정말로 내게는 다시 말하지 마"라고 내뱉는 것이지요. 바로 그때 당신은 학생의 배움의 의욕을 깎아내리는 것입니다. 이것이 내가 계속해서 내내 잔소리를 해 왔던 IDP에서 가장 중요한 요인인 것입니다.

Q. 그렇다면 이것은 수학 교사가 내가 지도하는 학생의 질문을 받아 줄 시간을 마련할 수 있다는 뜻이겠지요?

A. 그렇고 말고요. IDP 작업은 다음과 같은 조건을 전제로 실시되고 있습니다. 학생은 교육훈련장 실습주간에 하루나 반나절의 여유가 주어져서 실제로 자기 발달영역에서 일할 수 있고, 교사는 한 주간 내내 학급수업에만 매달리지 않고 지도교사 역할을 할 수 있는 시간적 여유가 있습니다. 지도교사는 학생들이 심화된 질문을 하고 지도 학생이 그 분야에서 발전해 가도록 도와줬을 때 보람을 느낍니다. 대다수 학교에서 시간표 구성이 그와 같은 방향으로 짜인 것으로 알고 있

는데 이는 시간표 작성 시에 당신의 질문을 배려한 것입니다.

내 생각으로는 학제적 테마 작업에서 교육자와 교사가 자주 함께 일하는 잘 개발된 작업팀이 구성되었다면 이것 역시 당신이 스웨덴어 교사로서 지도 학생을 한 발짝 더 가까이 하는 데 도움이 됩니다. 비록 당신이 스웨덴어 교사이긴 하지만, 차라리 스웨덴어 교사 덕분이라고 하는 게 더 나을지도 모르겠네요.

Q. 도대체 무슨 이야기인가요?

A. 내 말의 뜻은 각기 다른 분야 교사들 간의 긴밀한 협력을 통해 각 과목의 특이성에 대해서 교사들이 서로 관찰을 하게 되고 다른 과목에 대해서도 이것저것 당신의 지식을 높여 주기까지 한다는 것입니다. 어쩌면 당신 과목의 특이성이 수학의 특이성과 유사한 점이 있다는 것까지도 알게 됩니다. 무엇보다도 수학 교사와 스웨덴어 교사 사이의 결정적인 유사성은 당신들 두 사람이 다 같이 교사라는 점이겠지요. 당신들이 공유하는 전형적인 특이성은 각자가 수학과 스웨덴어 전문가라는 점만이 아니고 우선 이들 과목을 가르치는 일에 전문가라는 것이지요. 그리고 학생들이 개발하려는 학습 능력은 다양한 과목에서 많은 경우에 유사합니다. 그러나 특이

성도 또한 있지요. 그런데 학습활동에 대한 일반적인 견해 또한 있습니다.

과도적 단계의 문제, 즉 내가 사고의 전환 또는 수준 조절이라고 부르는 과정은 여러 과목 영역에까지 이용될 수 있습니다. 내가 한 영역에서 수준 조절을 할 수 있게 되면 그 숙련도가 다른 영역에까지 퍼지게 됩니다. 비고츠키는 아이가 갖고 있는 한 영역 내의 개념 발달은 그 특정 영역에만 영향을 미치지 않고 한 영역 내의 개념 발달이 모든 심리적 기능을 재구성한다는 것을 보여 주었습니다. 이전에는 의사소통의 도구로부터 소외되었던 아이가 낱말은 의미를 가지고 있다는 사실을 이해하기 시작하면서부터 그 아이 전체가 영향을 받게 되지요. 아이가 글자를 말소리와 읽기로 바꾸기 시작하면 다른 기호, 예를 들어 수학과의 관계에도 영향을 미치게 됩니다. 그러므로 수학과 스웨덴어 교사는 두 개의 다른 행성에서 온 개체가 아니라 한 가족에 속하는 일원인 것입니다. 당신이 가르치는 과목에서 학생을 돕는 데 대한 구상은 그 학생의 수학 능력 개발에까지 도움을 줄 수 있습니다. 하지만 이 말의 뜻은 당신의 멘토 학생에게 수학 교사를 만나 볼 기회를 줘서는 안 된다는 의미는 아닙니다.

Q. 이런 것은 이전의 학습 단계에서도 문젯거리가 될 수 있나요?

A. 물론 그럴 수 있지요. 한 작업팀에서는 모든 학생이 수업 시간에 수학 과목이 있지만 어느 누군가가 특별히 수학에만 집중하고 있을 수 있습니다. 그럴 때 당신은 위에서 든 사례와 똑같은 방식으로 만일 당신의 지도 학생이 작업팀에서 수학 전문가를 만날 기회가 생겼다면 어떤 일이 발생하겠는가에 대해서 당신의 지도 학생과 같이 생각해 볼 수 있겠지요.

Q. 충분한 협력이 이루어지겠지요?

A. 그렇습니다. 협력이 아주 잘될 것입니다. 그런 것이 바로 학습의 비옥한 토양이 되니까요. 당신의 학생이 더 많은 친구들과 상호작용을 할수록 발달단계에 들어설 기회는 점점 더 많아집니다.

우수한 아이들의 부모

Q. 당신이 IDP 활동에 대해서 설명하는 것을 듣고 있노라면 학습 목표에 미달하는 학생에 국한해서만 이야기하는 듯한 인상을 받게 됩니다. 그러면 이미 모든 목표 지점에 도달한 우수한 학생은 어떻게 되나요? 그 아이는 더 이상 나갈 단계가 없단 말인가요?

A. 모든 학생은 한 단계 더 전진하도록 지원을 받아야 합니다. 소수의 학생만이 그리되어서는 안 되지요. 그가 누구이든 앞으로 나가도록 격려를 받아야 마땅합니다. 학교는 모든 학생이 앞으로 전진해 나갈 것을 기대해야 합니다. 또한 전진할 단계는 으레 있어야 하지요. 배움에는 끝이 없으니까요.

Q. 내 생각으로는 상황이 그렇게 돌아가고 있는 것 같지 않아요.

내 딸은 아주 우수한데 남아도는 시간이 점점 많아져서 반에서 좀 처지는 아이들을 도와주고 있어요. 그것을 어떻게 보십니까?

A. 학교가 당신이 내놓은 문제 제기에 소홀했던 점을 인정합니다. 학교에 근무하는 우리는 공부를 잘 못하는 학생과 우수한 학생 양측 모두에게 마음이 꺼림칙하다고 종종 말하고 있어요.

그런 상태는 좋은 현상이 아니지요. IDP 관점에서 보면 우리는 두 가지 사항을 제고해야 한다는 것이 나의 주장입니다. 그 한 가지는 "할 수 없다"가 정당한 출발점이 되도록 만드는 것입니다. 학교엘 가기는 했는데 "하지 못하는 게" 진짜로 수치는 아닙니다. 학교는 "할 수 없는 것"과 "할 수 있는 것" 사이에 놓인 훈련장이라는 점에서 출발하는 곳이지요. 학생이 발전단계로 들어서려면 학습상의 문제가 있음을 아주 당연하게 여겨야 합니다. 나는 이것을 기능적 문제 소유 행위라고 부릅니다. 학교 전체가 매 시간, 매일, 매주, 매 학기에 "할 수 없다"에서 "할 수 있다"로 계속 들어오는 학생들을 위한 훈련 장소인 관계로 그런 것은 전혀 걱정거리가 안 됩니다. 그런데 "할 수 없다"가 눈에 띄는 정당한 출발점이 되어서는 안 되겠지요.

물론 "나는 할 수 없다"라고 말하기는 쉽지요. 하지만 우리가 지금까지 그렇게 해 왔듯이 이 문제를 난처하게 만든다면, 다시 말해서 "할 수 없다"가 우리들의 훈련장에서 무언가 생소한 것으로, 팀에서 차츰 소외당하게 만드는 것으로, (벌로서) 의자에 앉아 있게 만드는 것으로 인식하기 시작하면 어떤 학생도 나는 "할 수 없어요"라고 감히 말하지 못할 것입니다. 그런 상황이 되면 우리는 IDP 대담에 앞서 학생이 기발한 질문을 준비해 올 가능성을 완전히 뿌리째 뽑아 버리고 말게 됩니다. 학생들은 자기 약점을 감추려고 모든 짓을 다 하게 됩니다. 문제를 안고 노력하는 대신에 학생은 자기의 모든 에너지와 창의력을 동원해 그것을 감추기에 급급하게 될 것입니다.

Q. 예, 그렇고 말고요. "나는 할 수 있는" 학생에 대해 말한 것이지요.

A. 나는 알고 있습니다. 이제 그들에 대해서 이야기하겠습니다. 말하자면 이렇습니다. 우리가 "할 수 없다"를 보이지 않게 하려면 "할 수 있다" 역시 보이지 않게 시작해야 합니다. 많은 우수한 학생들이 이를 입증해 보일 수 있습니다. 그들은 할 수 있음을 뚜렷하게 공개적으로 내보이는 대신에 속삭이는

목소리로 대충 이렇게 들리도록 말했지요. 그래 난 네가 할 수 있다는 것을 알아. 그리고 계산을 더 해 보려는 것도 알고 있지. 그렇지만 되지 않잖니. 그럼 좋아. 한쪽 면만 더 해 봐. 책 전체는 절대 안 되고. 그렇게 되면 불공평해지고 학급 전체는 조화를 잃게 되니까. 그러므로 우수한 학생들은 때때로 자기 능력을 감추는 역량을 개발하기도 했습니다.

Q. 뭐라고요? 그건 정말 어리석은 짓이 아닌가요?

A. 네 맞습니다. 그렇게 하는 일은 정말 어리석은 짓이지요. 특히 모든 학생이 "할 수 없다"에서 "할 수 있다"로 발달단계를 추구하도록 격려하는 학교에서 말입니다. 그런 학교에서는 앞서 나가는 학생을 의인화시킨 "할 수 있다"의 모습이 어떤 것인지 모두가 구경할 기회를 만들어 주는 건 당연한 일이지요. 이른바 "할 수 있다"의 모습이 분명히 있음을 보여 주는 것은 "할 수 없다"에게는 자극이 됩니다. 그 아이가 저기 앉아 있잖아. "할 수 있다"의 실체가 교실에서 보이지 않으면 학습 여정은 그저 목표일 뿐 아무런 의미가 없지요. 그날의 일정표가 명시되지 않은 산악 등반을 한번 상상해 보세요. 산악의 정상 자체가 동기부여인 것은 맞아요. 우리가 대개 학생의 동기 없음의 탓으로 돌리는 상당 부분이 "할 수 있음"을 가

시화하지 않았던 관행과 관련이 있는 것 같아요. 할 수 있는 학생이 존재한다는 사실로써 이를 쉽게 가시화할 수 있는 것이지요.

그래서 당신과 당신 아이에게 맨 먼저 하고 싶은 말은 "너는 네 능력을 확인받고 이를 가시화시켜 달라고 요구할 권리가 있다"는 것입니다. 이런 확인은 그 밖에 다른 학생에게도 무엇이 바람직한 모습인가를 볼 수 있도록 도와주니 가외의 보너스가 됩니다. 두 번째로 하고 싶은 말은 당신 아이는 자기의 "할 수 있음"을 확인받는 것뿐만 아니라 앞으로도 계속 도전하도록 독려 받을 권리가 있다는 것입니다. 학교라는 훈련장은 말할 것도 없이 모두에게 도전적이고, 긴장을 갖게 하며, 새롭고도 어려운 과제를 부여합니다. 그렇기 때문에 예비 학교부터 9년제 학교에 이르기까지 모든 형태의 학교가 하나의 일관된 테마가 되어 주면 좋습니다.

일관된 테마

Q. 일관된 테마란 무엇인가요?

A. 내가 이름 붙인 훈련장이라는 것은 30학기 동안의 기회를 말
합니다. 학교는 장기간에 걸쳐 모든 것이 연계되어 있고 많은
것을 해낼 수 있는 곳이지만 기간도 꽤 길지요. 하지만 계속
앞으로 나아가야 하는 곳입니다. '일관된 테마' 구조에서는
여러 과목 영역에서 사실상 모두가 동일한 일을 하고 있는
것입니다. 우리는 그 일을 여러 가지 다양한 방식으로 복잡
성의 정도를 높이며 진행해 가고 있어요. 예비학교에는 수학
이 있고 (기초학교)초급과정에도 있지요. 그리고 10대 학생들
에게도 수학이 있습니다. 수학은 '일관된 테마' 기간 중에 여
러 형태로 주어집니다. 8세쯤 되는 아이가 수학에 재능이 있
다면 이 아이에게는 '일관된 테마' 과정의 다른 정거장에 있

는 산뜻한 새것을 맛볼 수 있는 권리가 분명히 있습니다. 이 와 같은 새로운 복잡성이 거기에도 있는 것이지요.

만일에 모든 교육자와 교사들이 자기들의 싱싱한 자료들을 대규모 중고품 시장과 같은 커다란 벌판에 펼쳐 놓고서 모든 학생들이 그 자료들을 보고 이용할 수 있게 한다면 어떨까요? 그 결과는 학생들에게 엄청나게 많은 발달영역을 열어 주고 학생마다 자기에게 알맞은 발달영역을 찾아낼 수 있게 될 것입니다. 이 벌판에서 당신 아이도 자신이 시도해 볼 만한 도전의 대상을 찾게 될 것입니다.

Q. 그러나 학년과 연령층은 서로 어울려야 하지 않을까요?

A. 내 생각에 학년 층은 서로 어울릴 수 있다고 봅니다. 그러나 사람들이 단지 일정한 생물학적 연령에 도달했다고 해서 모든 것을 공통적으로 갖추고 있으리라는 것은 하나의 사회적 통념일 뿐입니다. 그 통념은 내가 이전에 옛 패러다임의 용어를 빌려 말했던 것과 관련된 것으로 거기서는 성숙도가 결정적 요인이라고 했습니다. 지금은 사회문화적 활동이 결정적 요인이 된다는 게 나의 소견입니다. 학년은 많은 사유로 인해 합쳐질 수 있지요. 하지만 각 학년은 열리는 출입문과 창문이 있어야만 더 넓은 들판으로 나갈 수 있습니다. 그때에 창

의적 조합들도 만들어지게 됩니다.

Q. 그러면 엄청나게 산만해지지 않을까요?

A. 그런 방식은 여느 때 상태보다 약간 더 산만해질 수 있고 또 그래야만 합니다. 학습 발달은 동등 가치와 이질성의 단위를 기초로 성립하지요. 모든 아이들은 똑같이 귀한 가치를 지니는 동시에 각각의 아이는 특이하여 조금씩은 다릅니다. 그래서 아이마다 자기의 개별적 발달계획을 가질 필요가 있습니다. 이런 산만함 속에서 질서를 유지하는 방법이 곧 IDP이고 학생마다 멘토를 갖게 되는 것입니다. 학습이 어디서 이뤄지는가 하는 문제는 학습이 실시되는 행위보다는 사실상 덜 중요한 것이지요. 학습지도는 통합된 힘으로 나타나는 것입니다.

Q. 각자가 자기 방식으로 하는 이런 경주는 매우 개별적 성향으로 나가지 않을까요?

A. 아니지요, 학습은 사회적 활동입니다. 개별적 학습 발달 계획은 학생들이 돌연히 홀로 앉아서 발전해 가는 것이 아니지요. 절대로 그렇지가 않아요. 학습은 우리가 함께하는 행위이기에 훈련장에서는 상호작용이 결정적 요인이 됩니다. 그래서

아직도 더 많은 상호작용이 있어야 한다는 게 나의 주장입니다. 오늘의 문제점은 '할 수 있는' 학생에 관한 질문에 접목시키고자 우리는 새롭고 창의적이며 산뜻한 공동 작업을 너무도 협소한 범위 내에서 독려하고 있다는 것입니다.

지식 빌려주기

Q. 이런 문제들과 관련해서 친구한테서 지식을 빌리는 행위에 대해 한 가지 질문이 있어요. 당신은 늘 말하기를 우리들은 친구로부터 빌려서 배운다고 하는데, 빌려 오는 입장에서는 좋게 들리지만 빌려주는 사람은 무슨 덕을 보게 되나요?

A. 그렇습니다. 그것 또한 좋은 질문입니다. 남에게 주어서 얻는 바가 무엇일까요? 나는 받는 것보다 주는 것이 더 복된 행위라고 좀 고상하고 철학적인 답변을 당신에게 하고 싶군요. 하지만 그런 대답이 당신의 질문의 요지에 맞지 않는다는 것도 알고 있습니다. 당신의 질문은 제대로 된 답변을 받을 만한 가치가 있으니까요. 주는 학생은 네 가지 보람을 얻는다는 것이 내 주장입니다.

첫째로 이미 앞서 지적한 대로 빌려주는 행위를 통해 그 학생은 자기가 우수한 학생으로 확인되고 가시화되는 계기를 맞게 됩니다. 특히 교사가 "할 수 없는" 학생에게 이렇게 말할 때이지요. "네가 그걸 못해도 괜찮아. 우리 반에는 그걸 "할 수 있는" 친구가 있으니까. 그 여자 친구에게 찾아가서 잠깐 옆에 앉겠다고 부탁해 봐. (비고츠키의 보조 자료를 기억하겠지요.) 그 상황에서 "할 수 있음"은 긍정적이고 바람직한 대상이 됩니다. 이것이 바로 똑똑한 친구가 된 학생이 얻는 보람입니다. 그 여학생의 존재는 가시화되고 인정받게 되는 것이지요. 그 여학생이 무언가 좋은 일을 하였고 또한 바람직한 일을 하였다고.

똑똑한 친구가 얻게 되는 두 번째 소득은 그 자신이 자기의 학습에 대해서 되돌아보는 아주 좋은 기회를 얻는다는 것이지요. 학습을 잘하지 못하는 학생이 다가와서 좋은 질문들을 많이 쏟아 내기 시작하는 그 순간부터입니다. 너는 왜 그렇게 하니? 그 숫자는 어디서 나온 거야? 네가 쓴 10자리 숫자는 무슨 뜻이야? 삼각형은 왜 그리고 있는 거지? 자는 왜 사용하는 거니? 이걸 한 번 더 해 봐. 바로 이런 것들이 학생이 이른바 메타 인지론이라는 데서 사용하는 질문들입니다. 즉 자기의 사고 양태를 다시 생각해 보는 자신과의 대화, 비고츠키가 말하는 '내적 대화'입니다. 우수한 학생은 여기서 이해하지 못하면 포기하지 않는 열성 친구와 같이 공부하면서 자신의 사고능력을 재고해 보는 유일한 기회를 얻게 되지요. 질문들은 강한 속성을 띠고 있는데 이유는 그 학생이 그것들을 진정으로 알고자 하기 때문입니다. 질문들이 진정성을 담고 있어서 그렇습니다. 따라서 내적 대화를 위한 더 좋은 기회는 사실상 없다고 할 수 있습니다. 그런데 우수한 학생은 자기가 이해한다고 말한 몇 가지 사항에 대해 실제로는 이해하지 못하고 있다는 사실을 발견하게 됩니다. 비록 그 여학생이 그것의 명칭이 무엇이고 그것을 어떻게 처리해야 하는지 알고 있어도 말입니다. 그녀는 스스로에게 던진 영리한 질문을 통해서 그것을 깨닫게 되는 것입니다.

우수한 학생에게 유용하다고 말하는 세 번째 사항은 지식을 빌리고 빌려주는 전체 진행과정을 다루는 것으로 그 여학생조차 '나는 할 수 없다'라고 당당하게 말할 수 있도록 해야 된다는 것입니다. 내 경험에 비춰 보면 학생마다 "할 수 없다"와 "할 수 있다" 양쪽을 다 말할 수 있도록 힘을 길러 주지 않으면 안 됩니다. 유감스럽게도 나는 몇 명의 "할 수 있는" 학생에게서 "할 수 없다"라고 말하는 자세가 전혀 훈련돼 있지 않은 것을 발견했습니다. 그런 태도는 건전하지 못한 것이지요. 이번 사례에서 우수한 학생을 여학생으로 선

정한 것은 짐작이 가듯이 우수한 여자아이들은 대개 기초
학교에서 승리자가 되지만 긴 안목에서는 승리자가 못 됩니
다. 그것은 마치 자기들은 모든 것을 잘할 수 있기에 아무에
게도 절대로 물어볼 필요가 없다는 거짓 망상에 사로잡혀 있
어서 그런 셈이지요. 그런데 이 세상살이가 다 그런 것은 아
니잖아요. 때로는 우리 모두가 수치감이나 죄책감 없이 "할
수 없다"고 말하지 않으면 안 되는 상황에 처하게 됩니다. 그
런 것이 나의 "할 수 없다"라는 개념에 포함되어 있는 것입니
다. 만일에 예로 든 여학생이 "할 수 없다"라고 솔직히 말하
는 훈련이 전혀 안 되어 있다면 어느 날 그런 불가피성이 명
백해질 때 그녀는 당황한 상태로 서 있게 됩니다. 나는 이런
상황에 빠진 여러 명의 우수한 여학생을 보았지요. 때때로 그
들은 스스로가 유쾌하지 않게 느끼는 "할 수 없다"라는 감정
표현 대신에 "그래요, 학급에서 제일 우수하지 못하면 제일
날씬하기라도 하겠지요"라고 바꾸어 말하기까지 하였어요.

Q. 학교는 우수한 학생에게 "할 수 없다"를 어떻게 훈련시킬 것
인가요?
A. 무엇보다도 훈련장을 바꿔 가며 학생들이 새 경기장에서 참
신한 도전을 맞게 해야 합니다. 나는 종종 이렇게 말합니다.

대문을 열고 숲 속으로 아주 긴 산책을 해 보라. 그러면 "할 수 없다"와 "할 수 있다"가 새롭게 다시 떠오른다. 그러면서 각자 자기 생각을 말하는 학생들이 새로이 나타나게 된다.

Q. 당신은 지식을 빌려주는 행위에 대해 네 가지 논거를 제시였는데 나에게는 세 가지밖에 없답니다.

A. 그렇지요. 네 번째 논거에 대해서는 이미 앞의 질문에서 설명했어요. 그것은 "일관된 테마"가 만들어 가는 더 넓은 세계의 일부를 우수한 학생이 차지할 권리와 야외의 중고품 시장을 방문해 다른 학년과 그룹이 작업한 싱싱한 자료 일부를 이용할 권리, 그런 것들이었지요.

Q. 성적에 대해서 한 가지 질문이 있는데요. 요즘 정치인들이 성적을 좀 더 아래 학년에서 자주 평가해야 한다고 토론하고 있잖아요. 이 문제는 IDP(개인별 발달계획)에 어떤 영향을 미치게 되나요? 성적 평가가 많아지면 IDP는 사라지게 되나요?

A. 학교가 점수제를 더 많이 도입하더라도 IDP의 필요성은 오히려 더 증가합니다. 좋은 성적을 얻으려면 배울 게 더 많아지고 이를 위해 학습 안내와 지도, 그리고 학습 개발 단계에서 더 지원을 받아야 한다는 것을 학부모와 학생들은 아마 인

식하게 될 것입니다. 정치인들은 어쨌든 성적이란 잣대로 목표 달성과 목표 미달을 눈으로 확인할 수 있게 해야 한다고 논란을 벌입니다. 내 주장 역시 IDP가 매우 적절한 성적 가시화 제도라고 봅니다만 정치인들은 자기들의 혁신안, IDP를 진정으로 신뢰하고 있는 것 같지 않습니다. 내가 그것을 신뢰하는 이유는 IDP가 이전의 성적 평가 제도보다 훨씬 더 강력한 도구이기 때문입니다. 성적은 목표 달성의 수준을 다루는 척도이므로 IDP를 성적과 결부시키는 것은 전혀 모순되지 않습니다. IDP는 분명히 목표를 추구하는 문제를 취급하고 있습니다.

Q. 그런데 학생은 심화된 질문을 준비해야 되고 멘토는 학생의 질문을 경청해야 하는 중요성에 대한 언급에서 한 가지 질문이 있습니다. 학생이 완전히 비현실적인 질문이나 희망사항을 제시하는 경우에는 어떻게 되나요?

A. 무엇이 비현실적인가를 파악하는 게 어렵지요. 학습 행위는 일종의 모험인데 거기서 우리는 내내 비현실적 상황에 놓여 있게 되지요. 우리는 할 수 없는 그 어떤 것을 하고자 노력하고 있는 것입니다. 그러므로 학생이 제시하는 이른바 비현실적 질문과 소망을 막아서는 자세에 우리는 신중해야 한다

고 생각합니다. 내가 경험한 바로는 학생의 질문이 전혀 잘못되었거나 기대가 너무 높거나 아주 비현실적인 것을 겨냥하는 그런 것은 아니었습니다. 많은 경우에 나는 그 반대의 상황을 보았다고 생각하는데, 실제로 그들은 너무 조심스럽게 또 목표를 낮게 겨냥하고 있었습니다. 그러니 그들이 비현실적 소망을 향해 가도록 해도 무방합니다. 그런 상황에서 학생이 멘토에게 "비현실적" 희망사항을 가지고 오면 참 좋은 일이지요. 이때에 "할 수 없다-할 수 있다"에 대해 이야기할 좋은 기회가 만들어지니까요.

나는 가장 인접한 발달영역, 곧 다음 단계라는 비고츠키의 용어를 크게 신뢰합니다. 비고츠키에 따르면 아이는 오직 준비된 단계만을 택한다는 것입니다. 그렇다면 아이에게 준비된 것이란 무엇인가요? 그것은 아이가 혼자서는 아직 할 수 없지만 그것을 할 수 있는 사람과 같이하면 할 수 있게 되는 그런 것입니다. 학습 행위는 모방이 가능한 데서 이뤄집니다. 그러므로 무엇이 다음 단계가 될 것인가를 탐색해 내는 것은 꽤 쉽습니다. 학생이 영리한 친구와는 같이할 수 있어도 혼자서는 할 수 없는 상태를 다음 단계, 즉 현실적 단계라고 정의할 수 있겠지요. IDP와 관련해서는 이 단계를 전진적 단계라고 부릅니다. 학생은 모방이 가능한 학습과정에는 들어설 수 있지만 모방이 불가능한 과정에는 들어서지 못합니다. 다시 말해 자기 자신의 지식으로 만들기 위해서는 지식을 빌려 올 수 있어야 합니다. 만약에 내가 영리한 친구 옆에 앉아 있어도 얻는 것이 없다면 이제는 그것이 바로 비현실적인 것이 됩니다. 그러므로 학생이 교실 안에서나 학교 시설에서 다양한 상호 협력을 통해서 여러 인접한 발달영역에 접근하게 되면 참으로 좋은 일이지요.

Q. 그러면 학생은 비현실적인 훈련 방법도 기대할 수 있겠네요. 어느 학생이 와서 승마 교습이 지식 발달에 도움이 될 것 같다고 하면 어떻게 하나요? 학교는 승마 교습을 제공하게 되나요?

A. 학생이 준비 작업을 하는 과정에서 승마 교습이 좋을 것 같다는 판단에 이르렀다면 그건 썩 좋은 일이지요. 그러나 그 자체가 학교로 하여금 그런 희망사항을 자동적으로 실현시켜 줄 당사자가 되어야 한다는 뜻은 아닙니다. 비록 그 소망 자체는 바람직한 것으로 받아들인다 하더라도 말입니다. 그렇다면 우리가 3자의 탱고에서 만나서 자기의 희망사항을 제시하면 좋겠네요. 왜냐하면 여기에는 제3의 파트너로 학부모가 앉아 있으니까요. 만일에 학부모가 승마를 통해 지식 발

달을 도모할 수 있다는 아이의 생각에 설득된다면 문제 해결 방법에 어떤 아이디어를 얻을 수도 있겠지요. 발달대화는 지식 발달을 위한 일종의 협력 포럼이지 한 사람이 다른 사람에게 이런저런 것을 요구하는 상점이 아닙니다. 발달대화는 3인의 탱고이므로 각자는 자기의 대화를 통해 자유롭게 기여하면 되는 것입니다. 학교의 승마용 말이 극소수라면 그래도 괜찮습니다. 말이 무언가에 유익하다면 다른 한편에서 무슨 조치를 취해 주면 좋지요.

그런데 학생의 소망 제기가 자동적으로 학교가 그것을 실현시켜 주는 당사자가 되어야 한다는 의미는 아닙니다. 학교가 해야 하는 일은 법규상으로 규정되어 있지요. 예를 들면 수업 시간, 학교 급식 따위가 있고 학부모에게도 의무사항이 있는데 아이가 학교에 잘 다니고 있는지 보살피는 일이 그런 것에 속합니다. 그 밖에도 많은 관련 사항들을 의논하여 합의에 이르도록 대화의 장이 열려 있습니다. 또한 학습 단계는 종종 창의적 조합 방식에서 그 유용성을 얻기도 하는데, 아이에게 승마의 기회를 주선해 주려면 가정이 그런 창의적 조합의 역할 담당자가 될 수도 있습니다.

Q. 지도 임무는 교사 역할의 일부라고 하였는데 교사 역할의 다

른 부분은 어떤 것이 있나요?

A. 교사의 역할은 세 부분이 있다고 나는 종종 말합니다. 즉 스승master, 연출가director, 지도자mentor이지요. 스승은 항상 무언가 산뜻하고 흥미진진한 이야깃거리를 가지고 그것을 가르쳐 주는 유능한 교사이지요. 스승은 또한 훌륭한 해설자이기도 합니다. 연출가는 내가 훈련장을 설명할 때 기술한 방식으로 언제나 학생들과 함께 사회문화적 활동을 주선하는 사람입니다. 그는 흥미진진한 공동 작업을 조직해 내는 권위자입니다. 한편 지도자는 학생들의 개별적 발달을 주시하고 살피는 사람입니다.

Q. 집단적 IDP를 고려해 볼 수 있을까요?

A. 글쎄요, IDP는 개인의 발달계획을 다루는 것입니다. 그러나 그것이 훈련에 해당할 때는 물론 집단적 활동이 되겠지요. 여러 경우에 한 학생에게 필요한 훈련이 다른 학생에게도 필요합니다. 그렇게 되면 그들은 당연히 다 같이 조그만 학습 집단을 만들게 되지요. 내가 말한 활동의 폭은 학습을 위한 공동 작업을 조성하는 일만 다루는 것입니다. "3명이 모두 할 수 있어야 돼", "3명에게 물어 봐" 등은 몇 가지 예에 불과합니다.

Q. IDP는 특수학교에도 있어야 하나요?

A. 그럼요, 당연하지요.

Q. 그렇지만 훈련 학생이 실제로 IDP를 이해할 수 있나요?

A. 아이들은 각자 자기 발달에 참여할 수 있습니다. 아이마다 자기 발달을 위해서 의사 표현을 연습하고 자기가 원하는 바를 드러내며 응답을 받아들이고 의미 있는 발달단계로 훈련을 쌓아 갑니다. 다양한 여러 아이들이 이것을 어떻게 나타내는가는 물론 다릅니다. 학교 훈련장에서 한 학생은 이렇게 표현하고 다른 학생은 저렇게 표현합니다. 어느 한 학생이 반응을 나타내고 받아들이기에 어려움이 있는 곳에서는 IDP(개인별 발달계획)는 한층 더 중요한 활동이 됩니다. 그런 경우 IDP는 아주 좋은 훈련의 기회가 됩니다.

Q. 모든 아이는 한 단계 더 발전해 갈 수 있다고 하였는데 정말 그런가요?

A. 예, 그렇습니다.

Q. 그러면 모든 학생들이 (9년제)기초학교의 졸업성적을 취득하게 된다는 뜻인가요?

A. 예, 원칙적으로 그렇다는 말입니다.

Q. 원칙적으로 그렇다고요?

A. 모든 아이는 지식단계로 들어설 수 있습니다. 이 점에 대해서는 의심의 여지가 없어요. 학교는 장기간에 걸친 하나의 훈련장이지요. 학생들이 거쳐야 하는 9년간의 교과과정 목표는 적절합니다. 따라서 모든 아이를 위한 학교에서는 누구나 "할 수 없다"와 "할 수 있다" 사이를 활발하게 돌아다닐 기회를 누려야 한다는 것 이외에 다른 출발점은 없다고 하겠습니다. 모든 학생들이 "너희는 할 수 있다. 그러니 한 단계 더 나아갈 수 있다"는 말에 귀를 기울여야 합니다. 모든 학생은 전진하게 되고 성공하게 될 것입니다.

Q. 그러면 시험 통과는 어떻게 되지요? 그러면 성적은 어떻게 되나요?

A. 당신 아이는 능력이 되니 한 단계 더 나갈 수 있습니다.

Q. 이제 발달과정 기술식 평가 방식이 도입된다는데 어떻게 생각하는지요?

A. 몇몇 교육정책가들이 지난해 학생들의 학업 결과 평가 부문

에서 교사의 역할에 초점을 너무 과도하게 맞춘 일이 있었지요. 그것은 바람직한 일이긴 합니다만 퍼즐(짜 맞추기) 조각 8개 중에 단 한 개에 해당하는 사안입니다. 그들은 8분의 1에 해당하는 부분에 어쩌면 너무 많이 비벼 댄 것 같아요. 여러 층의 점수 단계와 발달과정 기술식 평가까지 동원해서 말입니다. 나는 이 퍼즐 조각 자체에 반대는 없어요. 그러나 그것이 다른 7개의 퍼즐 조각과 함께 가지 않으면 그것은 메마르고 텅 비게 될 뿐입니다. IDP의 가장 강력한 요소들은 사회적 활동이지 몇 가지 기록 자료가 아닙니다. 그리고 문답식 언어, 즉 대화는 "발달과정 기술식 평가"보다 훨씬 더 큰 영향력이 있다는 것도 우리는 기억해 두어야 합니다.

참고 문헌

Elevens framgång – skolans ansvar, (2001). Utbildningsdepartementets departementsserie Ds 2001:19, Fritzes offentliga publikationer, Stockholm.

Fischer, Ernst, (1971). *Vad Marx verkligen sagt*, Rabén & Sjögren, Stockholm.

Flórez, Elizabeth & Nazar, Gustavo, (2008). *Interkulturell kommunikation – ett praktiskt redskap för dig som vill skapa ett gott arbetsklimat i skolan*, Resurscentrum för mångfaldens skola, Malmö.

Hjörne, Eva & Säljö, Roger, (2008). *Att platsa i en skola för alla: elevhälsa och förhandling om normalitet i den svenskaskolan*, Norstedts Akademiska Förlag, Stochholm.

Hägg, Kerstin & Kuoppa, Svea Maria, (1997). *Professionell vägledning: med samtal som redskap*, Studentlitteratur, Lund.

Korp, Helena, (2003). *Kunskapsbedömning: hur, vad och varför*, Forskning i fokus 13, Myndigheten för skolutveckling, Stockholm.

Kunskapens träd – för barn och ungdomar 1-16 år, (2007). Barn-
och ungdomsförvaltningen, Halmstads kommun, Halmstad.

Körling, Anne-Marie, (2006). *Kiwimetoden: medveten
undervisning – medvetet lärande*, Bonnier utbildning, Stock-
holm.

Lindquist, Gunilla, (red.), (1999). *Vygotskij i skolan*, Student-
litteratur, Lund.

Partanen, Petri, (2007). *Från Vygotskij till lärande samtal*,
Bonnier utbildning, Stockholm.

Renberg, Bo, (2006). *Språkets mirakel: om tänkande, tal och
skrift*, Liber, Stockholm.

Sacks, Oliver, (1998). *Att se röster: en resa in i de dövas värld*,
Brombergs, Stockholm.

Strandberg, Leif, (2006). *Vygotskij i praktiken: bland plugghästar
och fusklappar*, Norstedts Akademiska förlag, Stockholm.

*Svenska: en samtalsguide om kunskap, arbetssätt och
bedömning*, (2007). Myndigheten för skolutveckling,
Stocklolm.

Vygotskij, Lev S., (2001). *Tänkande och språk*, Daidalos,
Göteborg.

Referenser till Nina Hemmingsson, Lena Andersson och
Ingeborg Refling Hagen anges i texten.

삶의 행복을 꿈꾸는 교육은 어디에서 오는가?

미래 100년을 향한 새로운 교육

▶ 교육혁명을 앞당기는 배움책 이야기
혁신교육의 철학과 잉걸진 미래를 만나다!

한국교육연구네트워크 총서

01 핀란드 교육혁명
한국교육연구네트워크 엮음 | 320쪽 | 값 15,000원

02 일제고사를 넘어서
한국교육연구네트워크 엮음 | 284쪽 | 값 13,000원

03 새로운 사회를 여는 교육혁명
한국교육연구네트워크 엮음 | 380쪽 | 값 17,000원

04 교장제도 혁명
한국교육연구네트워크 엮음 | 268쪽 | 값 14,000원

05 새로운 사회를 여는 교육자치 혁명
한국교육연구네트워크 엮음 | 312쪽 | 값 15,000원

06 혁신학교에 대한 교육학적 성찰
한국교육연구네트워크 엮음 | 308쪽 | 값 15,000원

혁신학교
성열관·이순철 지음 | 224쪽 | 값 12,000원

행복한 혁신학교 만들기
초등교육과정연구모임 지음 | 264쪽 | 값 13,000원

서울형 혁신학교 이야기
이부영 지음 | 320쪽 | 값 15,000원

혁신교육, 철학을 만나다
브렌트 데이비스·데니스 수마라 지음
현인철·서용선 옮김 | 304쪽 | 값 15,000원

혁신교육 존 듀이에게 묻다
서용선 지음 | 292쪽 | 값 14,000원

다시 읽는 조선 교육사
이만규 지음 | 750쪽 | 값 33,000원

대한민국 교육혁명
교육혁명공동행동 연구위원회 지음 | 224쪽 | 값 12,000원

한국교육연구네트워크 번역 총서

01 프레이리와 교육
존 엘리아스 지음 | 한국교육연구네트워크 옮김
276쪽 | 값 14,000원

02 교육은 사회를 바꿀 수 있을까?
마이클 애플 지음 | 강희룡·김선우·박원순·이형빈 옮김
352쪽 | 값 16,000원

03 비판적 페다고지는 세상을 변화시킬 수 있는가?
Seewha Cho 지음 | 심성보·조시화 옮김 | 280쪽 | 값 14,000원

04 마이클 애플의 민주학교
마이클 애플·제임스 빈 엮음 | 강희룡 옮김 | 276쪽 | 값 14,000원

05 21세기 교육과 민주주의
넬 나딩스 지음 | 심성보 옮김 | 392쪽 | 값 18,000원

06 세계교육개혁: 민영화 우선인가 공적 투자 강화인가?
린다 달링-해먼드 외 지음 | 심성보 외 옮김 | 408쪽 | 값 21,000원

대한민국 교사, 어떻게 가르칠 것인가?
윤성관 지음 | 320쪽 | 값 15,000원

아이들을 어떻게 가르칠 것인가
사토 마나부 지음 | 박찬영 옮김 | 232쪽 | 값 13,000원

아이들의 배움은 어떻게 깊어지는가
이시이 준지 지음 | 방지현·이창희 옮김 | 200쪽 | 값 11,000원

모두를 위한 국제이해교육
한국국제이해교육학회 지음 | 364쪽 | 값 16,000원

경쟁을 넘어 발달 교육으로
현광일 지음 | 288쪽 | 값 14,000원

독일 교육, 왜 강한가?
박성희 지음 | 324쪽 | 값 15,000원

핀란드 교육의 기적
한넬레 니에미 외 엮음 | 장수명 외 옮김 | 452쪽 | 값 23,000원

▶ 비고츠키 선집 시리즈
발달과 협력의 교육학 어떻게 읽을 것인가?

 생각과 말
레프 세묘노비치 비고츠키 지음
배희철·김용호·D. 켈로그 옮김 | 690쪽 | 값 33,000원

 성장과 분화
L.S. 비고츠키 지음 | 비고츠키 연구회 옮김
308쪽 | 값 15,000원

 도구와 기호
비고츠키·루리야 지음 | 비고츠키 연구회 옮김
336쪽 | 값 16,000원

 의식과 숙달
L.S 비고츠키 | 비고츠키 연구회 옮김
348쪽 | 값 17,000원

 어린이 자기행동숙달의 역사와 발달 I
L.S. 비고츠키 지음 | 비고츠키 연구회 옮김
564쪽 | 값 28,000원

 관계의 교육학, 비고츠키
진보교육연구소 비고츠키교육학실천연구모임 지음
300쪽 | 값 15,000원

 어린이 자기행동숙달의 역사와 발달 II
L.S. 비고츠키 지음 | 비고츠키 연구회 옮김
552쪽 | 값 28,000원

 비고츠키 생각과 말 쉽게 읽기
진보교육연구소 비고츠키교육학실천연구모임 지음
316쪽 | 값 15,000원

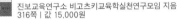

 어린이의 상상과 창조
L.S. 비고츠키 지음 | 비고츠키 연구회 옮김
280쪽 | 값 15,000원

 비고츠키와 인지 발달의 비밀
A.R. 루리야 지음 | 배희철 옮김 | 280쪽 | 값 15,000원

 연령과 위기
L.S. 비고츠키 지음 | 비고츠키 연구회 옮김
336쪽 | 값 17,000원

 수업과 수업 사이
비고츠키 연구회 지음 | 196쪽 | 값 12,000원

▶ 창의적인 협력수업을 지향하는 삶이 있는 국어 교실
우리말 글을 배우며 세상을 배운다

 중학교 국어 수업 어떻게 할 것인가?
김미경 지음 | 340쪽 | 값 15,000원

 이야기 꽃 1
박용성 엮어 지음 | 276쪽 | 값 9,800원

 토론의 숲에서 나를 만나다
명혜정 엮음 | 312쪽 | 값 15,000원

 이야기 꽃 2
박용성 엮어 지음 | 294쪽 | 값 13,000원

 토닥토닥 토론해요
명혜정·이명선·조선미 엮음 | 288쪽 | 값 15,000원

 인문학의 숲을 거니는 토론 수업
순천국어교사모임 엮음 | 308쪽 | 값 15,000원

 어린이와 시
오인태 지음 | 192쪽 | 값 12,000원

 수업, 슬로리딩과 함께
박경숙·강슬기·김정욱·장소현·강민정·전혜림·이혜민 지음
268쪽 | 값 15,000원

▶ 평화샘 프로젝트 매뉴얼 시리즈
학교 폭력에 대한 근본적인 예방과 대책을 찾는다

 학교 폭력 어떻게 만들어지는가
문재현 외 지음 | 300쪽 | 값 14,000원

 아이들을 살리는 동네
문재현·신동명·김수동 지음 | 204쪽 | 값 10,000원

 학교 폭력, 멈춰!
문재현 외 지음 | 348쪽 | 값 15,000원

 평화! 행복한 학교의 시작
문재현 외 지음 | 252쪽 | 값 12,000원

 왕따, 이렇게 해결할 수 있다
문재현 외 지음 | 236쪽 | 값 12,000원

 마을에 배움의 길이 있다
문재현 지음 | 208쪽 | 값 10,000원

 **젊은 부모를 위한 백만 년의 육아 슬기**
문재현 지음 | 248쪽 | 값 13,000원

 별자리, 인류의 이야기 주머니
문재현·문한의 지음 | 444쪽 | 값 20,000원

▶ **4·16, 질문이 있는 교실 마주이야기**
통합수업으로 혁신교육과정을 재구성하다!

통하는 공부
김태호·김형우·이경석·심우근·허진만 지음
324쪽 | 값 15,000원

내일 수업 어떻게 하지?
아이함께 지음 | 300쪽 | 값 15,000원
2015 세종도서 교양부문

인간 회복의 교육
성래운 지음 | 260쪽 | 값 13,000원

교과서 너머 교육과정 마주하기
이윤미 외 지음 | 368쪽 | 값 17,000원

수업 고수들 수업·교육과정·평가를 말하다
박현숙 외 지음 | 368쪽 | 값 17,000원

도덕 수업, 책으로 묻고 윤리로 답하다
울산도덕교사모임 지음 | 320쪽 | 값 15,000원

체육 교사, 수업을 말하다
전용진 지음 | 304쪽 | 값 15,000원

교실을 위한 프레이리
아이러 쇼어 엮음 | 사람대사람 옮김 | 412쪽 | 값 18,000원

마을교육공동체란 무엇인가?
서용선 외 지음 | 360쪽 | 값 17,000원

학교생활기록부를 디자인하라
박용성 지음 | 268쪽 | 값 14,000원

교사, 학교를 바꾸다
정진화 지음 | 372쪽 | 값 17,000원

함께 배움
학생 주도 배움 중심 수업 이렇게 한다
니시카와 준 지음 | 백경석 옮김 | 280쪽 | 값 15,000원

공교육은 왜?
홍섭근 지음 | 352쪽 | 값 16,000원

자기혁신과 공동의 성장을 위한
교사들의 필리버스터
윤양수·원종희·장군·조경삼 지음 | 280쪽 | 값 14,000원

함께 배움 이렇게 시작한다
니시카와 준 지음 | 백경석 옮김 | 196쪽 | 값 12,000원

함께 배움 교사의 말하기
니시카와 준 지음 | 백경석 옮김 | 188쪽 | 값 12,000원

미래교육의 열쇠, 창의적 문화교육
심광현·노명우·강정석 지음 | 368쪽 | 값 16,000원

주제통합수업, 아이들을 수업의 주인공으로!
이윤미 외 지음 | 392쪽 | 값 17,000원

수업과 교육의 지평을 확장하는 수업 비평
윤양수 지음 | 316쪽 | 값 15,000원
2014 문화체육관광부 우수교양도서

교사, 선생이 되다
김태은 외 지음 | 260쪽 | 값 13,000원

교사의 전문성, 어떻게 만들어지나
국제교원노조연맹 보고서 | 김석규 옮김 392쪽 | 값 17,000원

수업의 정치
윤양수·원종희·장군 지음 | 280쪽 | 값 14,000원

학교협동조합,
현장체험학습과 마을교육공동체를 잇다
주수원 외 지음 | 296쪽 | 값 15,000원

거꾸로교실,
잠자는 아이들을 깨우는 수업의 비밀
이민경 지음 | 280쪽 | 값 14,000원

교사는 무엇으로 사는가
정은균 지음 | 292쪽 | 값 15,000원

마음의 힘을 기르는 감성수업
조선미 외 지음 | 300쪽 | 값 15,000원

작은 학교 아이들
지경준 엮음 | 376쪽 | 값 17,000원

감성 지휘자, 우리 선생님
박종국 지음 | 308쪽 | 값 15,000원

대한민국 입시혁명
참교육연구소 입시연구팀 지음 | 220쪽 | 값 12,000원

교사를 세우는 교육과정
박승열 지음 | 312쪽 | 값 15,000원

전국 17명 교육감들과 나눈
교육 대담
최창의 대담·기록 | 272쪽 | 값 15,000원

들뢰즈와 가타리를 통해
유아교육 읽기
리세롯 마리엣 올슨 지음 | 이연선 외 옮김 | 328쪽 | 값 17,000원

교육과정 통합, 어떻게 할 것인가?
성열관 외 지음 | 192쪽 | 값 13,000원

 학교 민주주의의 불한당들
정은균 지음 | 276쪽 | 값 14,000원

 동양사상에게 인공지능 시대를 묻다
홍승표 외 지음 | 260쪽 | 값 15,000원

 교육과정, 수업, 평가의 일체화
리사 카터 지음 | 박승열 외 옮김 | 196쪽 | 값 13,000원

 학교 혁신의 길, 아이들에게 묻다
남궁상운 외 지음 | 268쪽 | 값 15,000원

 학교를 개선하는 교장
지속가능한 학교 혁신을 위한 실천 전략
마이클 풀란 지음 | 서동연·정효준 옮김 | 216쪽 | 값 13,000원

 프레이리의 사상과 실천
사람대사람 지음 | 352쪽 | 값 18,000원

 공자뎐, 논어는 이것이다
유문상 지음 | 392쪽 | 값 18,000원

 혁신학교, 한국 교육의 미래를 열다
송순재 외 지음 | 608쪽 | 값 30,000원

 교사와 부모를 위한
발달교육이란 무엇인가?
현광일 지음 | 380쪽 | 값 18,000원

 페다고지를 위하여
프레네의 『페다고지 불변요소』 읽기
박찬영 지음 | 296쪽 | 값 15,000원

 교사, 이오덕에게 길을 묻다
이무완 지음 | 328쪽 | 값 15,000원

 노자와 탈현대 문명
홍승표 지음 | 284쪽 | 값 15,000원

 낙오자 없는 스웨덴 교육
레이프 스트란드베리 지음 | 변광수 옮김 | 208쪽 | 값 13,000원

▶ 교과서 밖에서 만나는 역사 교실
상식이 통하는 살아 있는 역사를 만나다

 전봉준과 동학농민혁명
조광환 지음 | 336쪽 | 값 15,000원

 교과서 밖에서 배우는 역사 공부
정은교 지음 | 292쪽 | 값 14,000원

 남도의 기억을 걷다
노성태 지음 | 344쪽 | 값 14,000원

 팔만대장경도 모르면 빨래판이다
전병철 지음 | 360쪽 | 값 16,000원

 응답하라 한국사 1·2
김은석 지음 | 356쪽·368쪽 | 각권 값 15,000원

 빨래판도 잘 보면 팔만대장경이다
전병철 지음 | 360쪽 | 값 16,000원

 즐거운 국사수업 32강
김남선 지음 | 280쪽 | 값 11,000원

 영화는 역사다
강성률 지음 | 288쪽 | 값 13,000원

 즐거운 세계사 수업
김은석 지음 | 328쪽 | 값 13,000원

 친일 영화의 해부학
강성률 지음 | 264쪽 | 값 15,000원

 강화도의 기억을 걷다
최보길 지음 | 276쪽 | 값 14,000원

 한국 고대사의 비밀
김은석 지음 | 304쪽 | 값 13,000원

 광주의 기억을 걷다
노성태 지음 | 348쪽 | 값 15,000원

 조선족 근현대 교육사
정미량 지음 | 320쪽 | 값 15,000원

선생님도 궁금해하는
한국사의 비밀 20가지
김은석 지음 | 312쪽 | 값 15,000원

 걸림돌
키르스텐 세룹-빌펠트 지음 | 문봉애 옮김
248쪽 | 값 13,000원

 역사수업을 부탁해
열 사람의 한 걸음 지음 | 388쪽 | 값 18,000원

 진실과 거짓, 인물 한국사
하성환 지음 | 400쪽 | 값 18,000원

 다시 읽는 조선근대교육의 사상과 운동
윤건차 지음 | 이명실·심성보 옮김 | 516쪽 | 값 25,000원

 음악과 함께 떠나는 세계의 혁명 이야기
조광환 지음 | 292쪽 | 값 15,000원

 논쟁으로 보는 일본 근대교육의 역사
이명실 지음 | 324쪽 | 값 17,000원

▶ 더불어 사는 정의로운 세상을 여는 인문사회과학
사람의 존엄과 평등의 가치를 배운다

 밥상혁명
강양구·강이현 지음 | 298쪽 | 값 13,800원

 도덕 교과서 무엇이 문제인가?
김대용 지음 | 272쪽 | 값 14,000원

 자율주의와 진보교육
조엘 스프링 지음 | 심성보 옮김 | 320쪽 | 값 15,000원

 민주화 이후의 공동체 교육
심성보 지음 | 392쪽 | 값 15,000원
2009 문화체육관광부 우수학술도서

 갈등을 넘어 협력 사회로
이창언·오수길·유문종·신윤관 지음 | 280쪽 | 값 15,000원

 동양사상과 마음교육
정재걸 외 지음 | 356쪽 | 값 16,000원
2015 세종도서 학술부문

 교과서 밖에서 배우는 철학 공부
정은교 지음 | 280쪽 | 값 14,000원

 교과서 밖에서 배우는 사회 공부
정은교 지음 | 304쪽 | 값 15,000원

 교과서 밖에서 배우는 윤리 공부
정은교 지음 | 292쪽 | 값 15,000원

 한글 혁명
김슬옹 지음 | 388쪽 | 값 18,000원

 좌우지간 인권이다
안경환 지음 | 288쪽 | 값 13,000원

 민주시민교육
심성보 지음 | 544쪽 | 값 25,000원

 민주시민을 위한 도덕교육
심성보 지음 | 500쪽 | 값 25,000원
2015 세종도서 학술부문

 교과서 밖에서 배우는 인문학 공부
정은교 지음 | 280쪽 | 값 13,000원

 오래된 미래교육
정재걸 지음 | 392쪽 | 값 18,000원

 대한민국 의료혁명
전국보건의료산업노동조합 엮음 | 548쪽 | 값 25,000원

 교과서 밖에서 배우는 고전 공부
정은교 지음 | 288쪽 | 값 14,000원

 전체 안의 전체 사고 속의 사고
김우창의 인문학을 읽다
현광일 지음 | 320쪽 | 값 15,000원

 카스트로, 종교를 말하다
피델 카스트로·프레이 베토 대담 | 조세종 옮김
420쪽 | 값 21,000원

 교사와 부모를 위한 비고츠키 교육학
카르포프 지음 | 실천교사번역팀 옮김 | 308쪽 | 값 15,000원

▶ 살림터 참교육 문예 시리즈
영혼이 있는 삶을 가르치는 온 선생님을 만나다!

꽃보다 귀한 우리 아이는
조재도 지음 | 244쪽 | 값 12,000원

선생님이 먼저 때렸는데요
강병철 지음 | 248쪽 | 값 12,000원

성깔 있는 나무들
최은숙 지음 | 244쪽 | 값 12,000원

서울 여자, 시골 선생님 되다
조경선 지음 | 252쪽 | 값 12,000원

아이들에게 세상을 배웠네
명혜정 지음 | 240쪽 | 값 12,000원

행복한 창의 교육
최창의 지음 | 328쪽 | 값 15,000원

밥상에서 세상으로
김흥숙 지음 | 280쪽 | 값 13,000원

북유럽 교육 기행
정애경 외 14인 지음 | 288쪽 | 값 14,000원

▶ 남북이 하나 되는 두물머리 평화교육
분단 극복을 위한 치열한 배움과 실천을 만나다

10년 후 통일
정동영·지승호 지음 | 328쪽 | 값 15,000원

선생님, 통일이 뭐예요?
정경호 지음 | 252쪽 | 값 13,000원

분단시대의 통일교육
성래운 지음 | 428쪽 | 값 18,000원

김창환 교수의 DMZ 지리 이야기
김창환 지음 | 264쪽 | 값 15,000원

▶ 출간 예정

참된 삶과 교육에 관한
생각 줍기